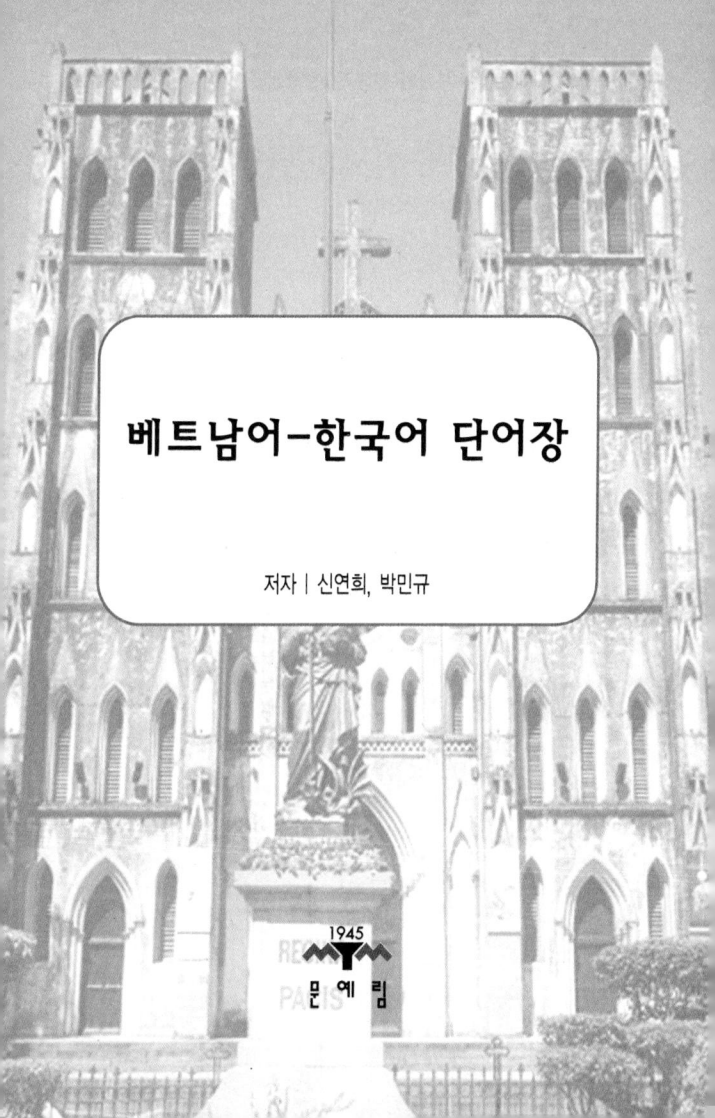

베트남어-한국어 단어장

저자 | 신연희, 박민규

한국해외봉사단 베트남 부부단원(한베기술협력센타 근무)

신연희	박민규
수원대학교 의류직물학과 졸업 웹디자이너	동국대학교 컴퓨터공학 박사과정 휴학 현 지앤넷 솔루션사업본부 차장

http://www.bookmoon.co.kr

한국어 베트남어 단어장

초판 2쇄 인쇄   2017년 5월 25일
초판 2쇄 발행   2017년 6월 5일

....

지은이 신연희, 박민규
발행인 서덕일
펴낸곳 문예림

주소 경기도 파주시 회동길 366 (10881)
전화 (02)499-1281~2
팩스 (02)499-1283
E-mail info@bookmoon.co.kr

....

출판등록 1962.7.12 (제406-1962-1호)
ISBN 978-89-7482-435-8 (13790)

....

잘못된 책은 구입하신 서점에서 교환하여 드립니다.
본 책은 저작권법에 의해 보호를 받는 저작물이므로 무단 전제와 복제를 금합니다.

머리말

 베트남에 가기 전부터 한국과 베트남의 관계가 좋아진다고 느꼈지만 귀국 후에 더욱 많이 느끼게 됩니다.
 좋은 소식도 있고 한국인으로서 부끄러운 일도 있으니 한마디로 정의 내리기는 어려운 듯합니다. 하지만 사람이 사람과 관계를 맺는 다는 것도 좋은 일만 있는 것은 아니니, 나라와 나라가 관계를 맺는 것도 그러할 듯합니다.
 베트남을 방문하시면 상상한 것과는 다른 베트남도 많이 만나게 되실 것입니다.
 다양한 면의 베트남을 느끼시며, 언어도 배워 가시면 즐거움이 더 커질 것입니다.
 그리고 이 책은 북부어를 중심으로 작업되었으며, 단어 외에도 숙어적 표현을 함께 넣었습니다. 이 책이 여러분의 베트남 초기 생활에 도움이 된다면 필자로서 보람이 있을 것입니다.
 마지막으로 문예림 서덕일 사장님, 베트남어 교정을 봐주신 성균관대 Nguyễn Thị Mai Hoa 선생님과 하노이대학교 한국어과 학생들에게 감사합니다.

2008년 4월
신 연 희

차례

- a ································· 5
- b ································· 13
- c ································· 45
- d ································· 95
- e ································· 141
- g ································· 141
- h ································· 159
- i ································· 179
- k ································· 179
- l ································· 199
- m ································· 219
- n ································· 239
- o ································· 273
- p ································· 273
- q ································· 287
- r ································· 295
- s ································· 303
- t ································· 317
- u ································· 375
- v ································· 375
- x ································· 391
- y ································· 391

- 부록 ······························ 401

a

베트남어-한국어 단어장

à 아	질문하는 접미사	an 안	안전한
À, quên! 아 꾸엔	깜박했다.	an toàn 안 또안	안전
À, thế à. 아, 테아	아, 그렇군요.	an ủi 안 우이	위로하다.
ạ 아	존대를 나타내는 접미사	án 안	사례
ác mộng 악 몽	악몽	án mạng 안 망	살인
ai 아이	누구	anh 아잉	오빠, 형(호칭)
Ai cập 아이 껍	이집트	anh ấy 아잉 어이	그 남자(연장자)
ai cũng 아이 꿍	누구나	anh chị 아잉 찌	형과 누나
Ai đấy? 아이 더이	누구세요?	anh chị em 아잉 찌 앰	형제 자매
ái phi 아이 피	첩	anh em 아잉 앰	형제
a lô 알 로	(전화 받을 때)여보세요?		
anh em nhà bác sĩ 아잉 앰 냐 박 씨	의가형제(드라마이름)		

anh họ 아잉 호	사촌 오빠/형	ánh màu 아잉 머우	칼라사진
anh hùng 아잉 훙	영웅	ánh 아잉	불빛
anh minh 아잉 미잉	슬기로운	ánh sáng 아잉 쌍	빛
anh ơi 아잉 어이	아저씨!	ao 아오	연못
anh rể 아잉 제	형부	áo thuật 아오 투엇	마술
anh ruột 아잉 주옷	친형	áo 아오	상의(옷)
anh trai 아잉 짜이	오빠, 형	Áo 아오	오스트리아
anh văn 아잉 반	영문학	áo bà ba 아오 바 바	블라우스
ảnh 아잉	사진	áo chật 아오 쩟	옷이 끼다.
ảnh đen trắng 아잉 댄 짱	흑백사진	áo dài 아오 자이	아오자이
ảnh hưởng 아잉 흐엉	영향	áo giáp 아오 잡	갑옷
Anh yêu em. 아잉 이에우 앰			(여자에게)사랑해요.

áo khoác 아오 콱	코트	ăn cắp 안 깝	훔치다.
áo lót 아오 롯	브래지어	ăn chay 안 짜이	채식하다.
áo mưa 아오 므어	우비	ăn cỗ 안 꼬	축제를 베풀다.
áo sơ mi 아오 써 미	와이셔츠	ăn cơm 안 껌	식사하다.
áp dụng 압 중	적용하다.	Ăn cơm đi. 안 껌 디	밥 먹어.
áp lực 압 륵	(물리)압력	ăn da 안 자	(햇볕에)그을리다.
Asiad 아시아드	아시안게임	ăn diện 안 지엔	잘 차려입다.
ắc qui 악 꾸이	배터리	ăn gì? 안 지	뭘 먹어?
ăn 안	먹다.	Ăn gì chưa? 안 지 쯔어	뭐 좀 먹었어?
ăn bữa phụ 안 브어 푸	간식을 먹다.	ăn hàng 안 항	외식하다.

   áo tứ thân   구식 아오자이의 일종
   아오 뜨 턴

   áo xanh   가난한 여성들의 옷
   아오 싸잉

Ăn hết đi. 안 헷 디	다 먹어.	ăn sáng 안 쌍	아침을 먹다.
ăn hỏi 안 호이	약혼식을 하다.	ăn sống 안 쏭	날것으로 먹다.
ăn khách 안 카익	손님이 많다.	ăn tết 안 뗏	명절을 새다.
ăn không 안 콩	놀고 지내다.	ăn thịt 안 팃	고기를 먹다.
ăn kiêng 안 끼응	다이어트하다.	ăn thử 안 트	맛보다.
ăn mày 안 마이	구걸하다.	ăn thử một ít 안 트 못 잇	조금 맛보다.
ăn mặc 안 막	옷을 입다.	ăn trộm 안 쫌	도둑
ăn nói 안 노이	이야기 하다.	ăn uống 안 우엉	먹고 마시다.
ăn ở 안 어	생활(방식)	ăn vụng 안 붕	몰래 먹다.
Ăn rồi. 안 조이	먹었어.	ăn xong 안 쏭	다 먹다.

ăn như heo
안 느 해오   게걸스럽게 먹다.

Ăn thử có được không?
안 트 꼬 드억 콩   먹어봐도 돼?

Ăn xong rồi. 안 쏭 조이	다 먹었어.	**ấm áp** 엄 압	따뜻하다.
âm lịch 엄 릭	음력	**ấm cúng** 엄 꿍	편안한
âm nhạc 엄 냑	음악	**ấm điện** 엄 디엔	전기주전자
âm thanh 엄 타잉	음향	**ấm đun nước** 엄 둔 느억	주전자
âm tiết 엄 띠엣	음절	**ân hận** 언 헌	후회하다.
âm u 엄 우	(날씨가)흐리다.	**ân huệ** 언 훼	은혜
ầm ầm 엄 엄	시끄러운	**ấn** 언	누르다.
ẩm 엄	축축한	**Ấn Độ** 언 도	인도
ẩm thực 엄 특	먹기와 마시기	**ấn tượng** 언 뜨엉	인상
ấm 엄	미지근한	**âu phục** 어우 푹	양복

ăn trầu　　쩌우(이를 물들게 함)를 먹다.
안 쩌우

âm / âm 11℃　　　　　　　　영하 / 영하 11도
엄 / 엄 무어이 못 쎄

ẩu 어우	조심성 없다.	ấy 어이	그(분, 것)
ẩu trì 어우 찌	유치한		

b

베트남어-한국어 단어장

ba 바	3, (남부어)아버지	bà cụ 바 꾸	늙은 여성
ba bị 바 비	요괴	bà đỡ 바 더	산파
ba lá 바 라	벼의 일종	bà già 바 쟈	노파
Ba Lan 바 란	폴란드	bà lão 바 라오	노파
ba lô 바 로	배낭	bà mối 바 모이	결혼 중매인
ba mươi 바 므어이	30	bà ngoại 바 응와이	외할머니
bà 바	할머니	bà nội 바 노이	친할머니
bà ấy 바 어이	할머니 3인칭	bà nội trợ 바 노이 쩌	주부
bà con 바 꼰	친척	bã 바	피곤해서 녹초가 됨.

ba chân bốn cẳng 바 쩐 본 깡	전속력으로
Ba Đình 바 딩	바딩(구역명-하노이)
bách khoa 바익 콰	여러 가지 공예의

bác 박	삼촌	bài báo 바이 바오	기사(신문)
bác bỏ 박 보	폐지하다.	bài hát 바이 핫	노래
bác sĩ 박 씨	의사	bài học 바이 혹	학과, 교훈
bạc 박	은(금속)	bài luận 바이 루언	작문, 논문
Bạc Liêu 박 리에우	박 리에우(도시명)	bài tập 바이 떱	숙제
bạc màu 박 머우	불모의, 메마른	bài thi 바이 티	시험지
bạch 바익	하얀	bài thơ 바이 터	시(문학)
bạch huyết cầu 바익 휘엣 꺼우	백혈구	bài thuốc 바이 투억	처방전
bạch kim 바익 낌	백금	bài toán 바이 또안	문제(학문적)
bạch phiến 바익 피엔	진통제	bài văn 바이 반	구절(문장)
bài 바이	과(공부), 카드(게임)	bãi 바이	벌판
bàn bạc 반 박		토론하다. 의견을 나누다.	

bãi biển (바이 비엔)	해변
bãi công (바이 꽁)	파업하다.
bãi thực (바이 특)	단식투쟁하다.
bại liệt (바이 리엣)	마비
ban (반)	(고어)주다, (때)종결사
ban bố (반 보)	선포하다.
ban chiều (반 찌에우)	오후(에)
ban công (반 꽁)	베란다
ban cua (반 꾸어)	장티푸스(의학)
ban đêm (반 뎀)	밤(저녁)
ban giám đốc (반 잠 독)	경영진
ban hành (반 하잉)	(법률을)제정하다.
ban ngày (반 응아이)	낮
ban sáng (반 쌍)	아침(에)
ban trưa (반 쯔어)	정오에
bàn (반)	책상, 토의하다.
bàn ăn (반 안)	식탁
bàn chải (반 짜이)	솔
bàn chải đánh răng (반 짜이 다잉 장)	칫솔
bàn chân (반 쩐)	발
bàn gần cửa sổ (반 건 끄어 쏘)	창가 탁자
bàn ghế (반 게)	책상과 의자
bàn là (반 라)	다리미
bàn luận (반 루언)	토의하다.

bàn phím 반 핌	키보드, 건반	bản hiệp định 반 히엡 딕	협정문
bàn tán 반 딴	속닥거리다.	bản hướng dẫn 반 흐엉 전	설명서
bàn tay 반 따이	손	bản làng 반 랑	(소수민족의)부락
bàn thắng 반 탕	골인	bản sắc 반 싹	특성
bàn thờ 반 터	제단(종교)	bản thảo 반 타오	초안
bàn tiếp tân 반 띠엡 떤	프런트데스크	bản thân 반 턴	자기 자신
bàn trang điểm 반 짱 디엠	화장대	bán 반	팔다.
bản / 3 bản 반 / 바 반	부/3부	bán buôn 반 부온	도매로 팔다.
bản báo cáo 반 바오 까오	신고	bán chạy 반 짜이	잘 팔리다.
bản chất 반 쩟	본질	bán đắt 반 닷	비싸게 팔다.
bản đồ 반 도	지도(지리)	bán đấu giá 반 더우 쟈	경매하다.
bạn cùng làm việc 반 꿍 람 비엑			함께 일하는 친구

bán hàng 반 항	상품을 팔다.
bán kết 반 껫	준결승
bán lẻ 반 래	소매하다.
bán rong 반 종	행상하다.
bạn 반	친구, 너
bạn bè 반 배	친구들
bạn cũ 반 꾸	오래된 친구
bạn đồng nghiệp 반 동 응이엡	동료
bạn hàng 반 항	동업자
bạn học 반 혹	학우
bạn thân 반 턴	친한 친구
bạn trai 반 짜이	남자친구
bạn trẻ 반 째	젊은이
bảng 방	나무판자, 게시판
bảng báo giá 방 바오 쟈	견적서
bảng đen 방 댄	칠판
bảng giá 방 쟈	가격표
bánh 바잉	빵, 바퀴
bánh bao 바잉 바오	만두
bánh đa nem 바잉 다 냄	라이스페이퍼
bánh kem 바잉 깸	바잉 껨(크림빵)
bánh mì 바잉 미	빵
bạn thân nhất 반 턴 녓	가장 친한 친구

bánh ngọt 바잉 응옷	케이크	bao lơn 바오 런	발코니
bánh xe 바잉 쌔	타이어	bao nhiêu 바오 니에우	얼마나 많이
bánh quy 바잉 뀌	비스킷	Bao nhiêu? 바오 니에우	얼마나?
bánh trung thu 바잉 쭝 투	월병	Bao nhiêu tiền? 바오 니에우 띠엔	얼마예요?
bao 바오	통, 얼마의	bao phủ 바오 푸	덮다.
bao cao su 바오 까오 쑤	콘돔	bao quanh 바오 꽈잉	둘러싸다.
bao diêm 바오 지엠	성냥갑	bao vây 바오 버이	둘러싸다.
bao giờ 바오 져	언제	bao xa 바오 싸	얼마나 먼
bao lâu 바오 러우	얼마나 오래	báo 바오	~라고 하다.
bao lì xì 바오 리 씨	세뱃돈 넣는 봉투	bảo chứng 바오 쯩	담보
bánh chưng 바잉 쯩		바잉 쯩 (구정용 네모진 쌀떡)	
bánh cốm 바잉 꼼		바잉 꼼 (초록색의 쌀떡)	

bảo đảm 바오 담	보장하다.	bảo vệ 바오 베	보호하다.
bảo hành 바오 하잉	(품질 등의)보증	bão 바오	태풍
bảo hiểm 바오 히엠	보험	bão tuyết 바오 뚜엣	눈보라
bảo là 바오 라	말하기를	báo 바오	신문, 표범, 보고하다.
bảo mật 바오 멋	비밀을 지키다.	báo cáo 바오 까오	보고하다.
bảo tàng 바오 땅	박물관	báo chí 바오 찌	언론, 신문
bảo tồn 바오 똔	보존하다.	báo giá 바오 자	견적가격

bánh đa 바잉 다	바잉 다(뻥튀기 같은 과자)
bánh giầy 바잉 져이	바잉 져이(떡의 일종)
bánh phở 바잉 퍼	바잉 퍼(쌀국수면 중에 하나)
bánh sinh nhật 바잉 씨잉 녓	생일 케이크
bánh tôm 바잉 똠	바잉 똠(새우를 넣은 부침개)

báo hàng ngày 바오 항 아이	일간신문
báo lá cải 바오 라 까이	저속한 신문
báo thể thao 바오 테 타오	스포츠 신문
báo tin 바오 띤	통지하다.
bay 바이	날다.
bay đi 바이 디	날아가다.
bay mùi 바이 무이	냄새를 제거하다.
bày 바이	전시하다.
bày hàng 바이 항	전시하다.
bảy 바이	7
bảy giờ sáng 바이 져 쌍	오전 7시
bảy mươi 바이 므어이	70
bánh xèo 바잉 쌔오	바잉세오 (베트남식 빈대떡)
Bao giờ chị về ạ? 바오 져 찌 베 아	언제 돌아가시나요?
bao giờ chưa? 바오 져 쯔어	~해 본 적이 있습니까?
bao gồm 바오 곰	구성되다. 포함하다.
Bao nhiêu tuổi? 바오 니에우 뚜어이	몇 살이야?
Bảo trọng nhé. 바오 쫑 냬	조심해서가.

bắc 박	북부의	bắn 반	사격하다. (물)튀기다.
Bắc Giang 박 장	박 장(도시명)	băng 방	건너가다. 테이프
Bắc Kạn 박 깐	박 깐(도시명)	Băng Cốc 방 꼭	방콕
Bắc Kinh 박 끼잉	북경(도시명)	băng dính 방 지잉	테이프
Bắc Mỹ 박 미	북아메리카	băng tan 방 딴	빙하가 녹다.
Bắc Nam 박 남	남북	băng vệ sinh 방 베 씨잉	생리용품
Bắc Ninh 박 니잉	박 니잉(도시명)	băng y tế 방 이 떼	붕대
Bắc Triều Tiên 박 찌에우 띠엔	북한	bằng 방	~로(수단, 재료), 증서
bắc vĩ tuyến 박 비 뚜엔	북위선	bằng cách 방 까익	~에 의한
băm 밤	다지다.(요리)	bằng cấp 방 껍	학위, 졸업증서
băn khoăn 반 콴	걱정하다.	bằng gì 방 지	무엇을 타고
báo mộng 바오 몽	꿈에서 미리 알려주다.		

bằng lái xe 방 라이 쌔	운전면허증
bằng lòng 방 롱	만족해하다.
bằng nhau 방 냐우	공평하게
bắp cải 밥 까이	양배추
bắp đùi 밥 두이	허벅다리
bắp ngô 밥 응오	(남부어)옥수수
bắt 밧	잡다.
bắt buộc 밧 부옥	맞추다.
bắt chước 밧 쯔억	모방하다.
bắt đầu 밧 더우	시작하다.
bắt được 밧 드억	잡다.
bắt nạt 밧 낫	괴롭히다.
bát / 3 bát phở bò 밧 / 바 밧 퍼 보	그릇 / 쌀국수 3그릇
Bằng tiếng gì? 방 띠응 지	무슨 언어로?
bắt đầu nổi tiếng 밧 더우 노이 띠응	유명해지기 시작하다.
bắt nguồn 밧 응우온	~로 부터 생기다.
Bận làm gì? 번 람 지	뭐하느라 바빴어요?
bất cứ việc gì 벗 끄 비역 지	무슨 일이건

bắt tay 밧 따이	악수	bất bình 벗 비잉	불만족한
bậc 벅	등급	bất bình đẳng 벗 비잉 당	불공평하다.
bậc thang 벅 탕	계단	bất cẩn 벗 껀	부주의한
bấm 범	누르다.	bất chấp 벗 쩝	~에 상관없이
bần 번	병마개(코르크)	bất công 벗 꽁	불공평한
bần huyết 번 휘엣	빈혈(의학)	bất cứ 벗 끄	~이든지 모두
bẩn 번	지저분한	bất động sản 벗 동 싼	부동산
Bẩn ơi là bẩn. 번 어이 라 번	정말 더럽다.	bất hạnh 벗 하잉	불행하다.
bận 번	바쁜	bất hiếu 벗 히에우	불효의
bận rộn 번 존	바쁘다.	bất hòa 벗 화	싸우다.(불화)

bất ngờ 　　　생각지도 않게, 갑자기
벗 응어

bầu tổng thống 　　　대통령을 뽑다.
버우 똥 통

bất kể 벗 께	~에 상관없이	bật lửa 벗 르어	라이터
bất kỳ lúc nào 벗 끼 룩 나오	아무 때나	bật máy 벗 마이	(기계)켜다.
bất lịch sự 벗 릭 쓰	예의가 없는	bầu 버우	선출하다.
bất lực 벗 륵	무력한	bầu trời 버우 쩌이	하늘
bất ổn 벗 온	불안한	bây giờ 버이 져	지금
bất thường 벗 트엉	보통이 아닌	bẫy 버이	덫
bất tiện 벗 띠엔	불편하다.	bấy giờ 버이 져	그때에
bất tỉnh 벗 띠잉	의식불명의	bấy nhiêu 버이 니에우	~만큼
bật 벗	뽑다.	be 배	논두렁을 쌓다.

bầu trời quang đãng.   하늘이 맑다.
버우 쩌이 꽝 당

Bây giờ cũng quen rồi.   이젠 익숙해요.
버이 져 꿍 꾸앤 조이

béo   뚱뚱하다. 기름기가 있는
배오

bè bạn / 배 반	친구들
bẻ / 배	깨뜨리다.
bé / 배	어린
bé nhỏ / 배 뇨	작은
bé xé ra to / 배 쌔 자 또	과장하다.
bèn / 밴	그 다음에 즉시
bén / 밴	날카로운
béo ngậy / 배오 응어이	기름진
béo phì / 배오 피	비만의
bép xép / 뱁 쌥	입이 가벼운
bê / 베	(들어서)가져오다. 송아지
bề ngoài / 베 응와이	외모
bể / 베	수영장, 저장소, 깨지다.
bể bơi / 베 버이	수영장
bế / 베	안아주다.
bên / 벤	~쪽
bên cạnh / 벤 까잉	옆의
bên kia / 벤 끼아	건너편
bên kia đường / 벤 끼아 드엉	길 건너편
bên ngoài / 벤 응와이	바깥쪽
bên nhau / 벤 냐우	서로 서로
bên phải / 벤 파이	오른쪽
bên tay trái là / 벤 따이 짜이 라	왼편에 있는 것이

bên trái 벤 짜이	왼쪽	bệnh cao huyết áp 버익 까오 휘엣 압	고혈압
bên trong 벤 쫑	내부의	bệnh dạ dày 버익 자 자이	위가 아프다.
bền 벤	지속적인	bệnh dại 버익 자이	광견병
bền gan 벤 간	참을성 있는	bệnh dịch 버익 직	유행병
bến 벤	정류소	bệnh lao 버익 라오	결핵
bến cảng 벤 깡	부두	bệnh mất ngủ 버익 멋 응우	불면증
Bến Tre 벤 째	벤 째(도시명)	bệnh nặng 버익 낭	중병의
bến xe 벤 쌔	버스정류장	bệnh nhân 버익 년	환자
bênh vực 베잉 븍	한쪽 편에 서다.	bệnh phổi 버익 포이	폐병
bệnh 버익	병(질병), 아픈	bệnh tật 버익 떳	병(질병)
bệnh đà đỡ 버익 다 더	병이 차도가 있다.		
bệnh tương tư 버익 뜨엉 뜨			상사병

bệnh tiêu chảy 버익 띠에우 짜이	설사	**bi quan** 비 꽌	비관하다.
bệnh tim 버익 띰	심장병	**bí ẩn** 비 언	신비
bệnh tưởng 버익 뜨엉	노이로제	**bí mật** 비 멋	비밀
bệnh ung thư 버익 웅 트	암	**bí quyết** 비 꾸엣	비결
bệnh viện 버익 비엔	병원	**Bí quyết gì?** 비 꾸엣 지	비결이 뭐야?
bếp gas 벱 가	가스레인지	**bị** 비	~하게 되다. 자루
bết 벳	(옷이 젖어서)달라붙다.	**bị bắt** 비 밧	포로, 사로잡히다.

bệnh viện tâm thần 버익 비엔 떰 턴 — 정신병원

bí mật trốn về 비 멋 쫀 베 — 몰래 도망 오다.

bị bắt quả tang 비 밧 꽈 땅 — 현장에서 걸리다.

bị bệnh mất ngủ 비 버익 멋 응우 — 불면증에 걸리다.

bị cắt học bổng 비 깟 혹 봉 — 장학금이 취소되다.

bị bỏng 비 봉	화상	bị đuổi việc 비 두오이 비엑	해고되다.
bị cảm 비 깜	감기 걸린	bị hói. 비 호이.	머리가 벗겨지다.
bị cháy đen 비 짜이 댄	검게 타다.	bị hỏng 비 홍	고장
bị chán nản 비 짠 난	낙담하다.	bị lũ lụt 비 루 룻	홍수 나다.
bị cúm 비 꿈	감기에 걸리다.	bị mắng 비 망	야단맞다.
bị đau một ít 비 다우 못 잇	조금 다치다.	bị mất 비 멋	잃어버리다.
bị động 비 동	피동	bị muỗi đốt 비 무오이 돗	모기에 물리다.
bị đốt 비 돗	(곤충에)물리다.	bị sa thải 비 싸 타이	해고되다.

bị đau bụng tiêu chảy   설사하다.
비 다우 북 띠에우 짜이

bị đau ở chân   다리를 다치다.
비 다우 어 쩐

bị mắc mưa rào   소나기를 만나다.
비 막 므어 자오

bị nhiễm virus   바이러스에 감염되다.
비 니엠 비룻

베트남어	한국어
bị tắc 비 딱	(종이가 기계에)걸리다.
bị tấn công 비 떤 꽁	습격당하다.
bị thất lạc 비 텃 락	없어지다.
bị thương 비 트엉	다치다.
bị xé rách 비 쌔 작	찢어지다.
bia 비아	맥주, 과녁
bia chai 비아 짜이	병맥주
bia đen 비아 댄	흑맥주
bia hơi 비아 허이	맥주, 서민형 생맥주
bị tai nạn giao thông 비 따이 난 쟈오 통	교통사고 당하다.
bị tổn thương 비 똔 트엉	(마음에)상처를 받다.
biết điều 비엣 디에우	분별 있는, 사교적인
bia lon 비아 론	캔 맥주
bia mộ 비아 모	묘비
bia tươi 비아 뜨어이	생맥주
bìa 비아	겉표지, (두부 한)모
bịa 비아	위조하다.
biên chế 비엔 쩨	전 직원
biên giới 비엔 져이	변경. 국경
Biên Hòa 비엔 화	비엔 화(도시명)
biên tập viên 비엔 떱 비엔	편집자

biển 비엔	바다, 간판	biến thể 비엔 테	다른
biển cả 비엔 까	바다	biện pháp 비엔 팝	조치
biển cấm 비엔 껌	금지표지판	biết 비엣	알다.
biển hiệu 비엔 히에우	간판	biết chừng nào 비엣 쯩 나오	얼마나
biến đổi 비엔 도이	바꾸다. 변화하다.	biết đâu 비엣 더우	아무도 모른다.
biến hóa 비엔 화	변화하다.	biết ơn 비엣 언	감사하게 여기다.
biến mất 비엔 멋	사라지다.	biết thế 비엣 테	만약 알고 있다면
biến sắc 비엔 싹	변색하다.	biệt thự 비엣 트	별장
biến thành 비엔 타잉	변하다.	biểu đạt 비에우 닷	표현하다.

biết ít nhiều
비엣 잇 니에우 　　　　　　　얼마정도 알고 있다.

Biết nhau rồi à?
비엣 냐우 조이 아 　　　　　　서로 아세요?

biết nói tiếng Anh
비엣 노이 띠응 아잉 　　　　　영어를 하다.

biểu đồ 비에우 도	그래프	biếu 비에우	제공하다. 드리다.
biểu hiện 비에우 히엔	나타나다.	bình 비잉	비평하다. (담는)병
biểu ngữ 비에우 응으	현수막	bình dân 비잉 전	서민의, 값싼
biểu quyết 비에우 꾸엣	투표하다.	bình đẳng 비잉 당	평등하다.
biểu thị 비에우 티	드러내다.	bình gas 비잉 가	가스통
biểu tình 비에우 띵	시위하다.	bình hoa 비잉 화	꽃병

Biết tại sao không?
비엣 따이 싸오 콩
왠지 알아요?

biệt tăm
비엣 땀
소식이 없는(사라진)

biểu diễn
비에우 지엔
(공연에서)연기하다.

biểu diễn ca múa
비에우 지엔 까 무어
가요 쇼 프로그램

biểu tượng
비에우 뜨엉
상징하다. 아이콘(전산)

bình thường hóa
비잉 트엉 화
정상화 시키다.

bình minh 비잉 미잉	새벽	bịt 빗	덮어 가리다.
bình nóng lạnh 비잉 농 라잇	온수기	bò 보	소
bình quân 비잉 꿘	평균, 보통	bò sát 보 쌋	파충류
bình thản 비잉 탄	마음이 평온한	bỏ 보	버리다.
bình thường 비잉 트엉	보통, 평상시	bỏ cuộc 보 꾸옥	포기하다.
bình tĩnh 비잉 띵	침착한	Bỏ đi. 보 디	버려.
bình xịt 바잉 씻	스프레이	bỏ học 보 혹	중퇴하다.
bít tết 빗 떽	비프스테이크	bỏ qua 보 꽈	무관심하다.

Bình thường thôi.
비잉 트엉 토이   그냥 보통이지.

bính
비잉   병(갑을 병의), (옷)빌려온

bò cuộn
보 꾸온   보 꾸온 (쇠고기 스프링롤)

bỏ chạy
보 짜이   달아나다. 도망가다.

bỏ quá 보 과	용서하다.	bóc 복	(포장, 껍질을)뜯다.
bỏ quên 보 꾸엔	두고 가다.	bọc 복	싸다. 커버
bỏ rượu 보 즈어우	술을 끊다.	bom 봄	폭탄
bỏ thuốc lá 보 투억 라	담배를 끊다.	bom đạn 봄 단	지뢰
bọ chó 보 쪼	진드기	bom hạt nhân 봄 핫 년	핵폭탄

bỏ đi   (던져)버리다. 떠나가 버리다.
보 디

bỏ lỡ một cơ hội   기회를 놓치다.
보 러 못 꺼 호이

Bỏ quá cho.   봐주세요.(넘어가 주세요.)
보 과 쪼

bỏ rơi   저버리다. (관계)끊다. 포기하다.
보 저이

bỏ thư vào thùng thư   편지를 우체통에 넣다.
보 트 바오 뚱 트

bó / 1 bó hoa hồng   다발 / 장미꽃 한 다발
보 / 못 보 화 홍

bổ sung   대체하다. 보충하다.
보 쑹

bọn 본	무리, (나쁜 사람)놈
bọn họ 본 호	그 들
bọn mình 본 밍	우리들
bong gân 봉 건	삐다.
bỏng 봉	데다.(불에)
bóng 봉	공, 그림자, 빛나다.
bóng bàn 봉 반	탁구
bóng bán dẫn 봉 반 전	트랜지스터
bóng chày 봉 짜이	야구
bóng chuyền 봉 쭈옌	배구
bóng đá 봉 다	축구
bóng đá Mỹ 봉 다 미	미식축구
bóng đèn 봉 댄	전등
bóng rổ 봉 조	농구
bóp 봅	손으로 누르다.
bóp miệng 봅 미응	금식하다.
bóp mồm 봅 몸	금식하다.
bọt 봇	거품
bộ / 1 bộ quần áo 보 / 못 보 꿘 아오	벌 / 옷 한 벌
bộ / bộ chính trị 보 / 보 찌잉 찌	부 / 정치부
bốc 복	(물, 바람, 먼지)일어나다.

bọt mép 봇 맵	거품	bố mẹ 보 매	부모
bồ 보	동지, 큰 바구니	bố trí 보 찌	배열하다.
bổ 보	쪼개다.	bố vợ 보 버	장인
bổ dưỡng 보 즈엉	영양을 주다.	bộ chỉ huy 보 찌 휘	본부사령부
bổ ích 보 익	유용한	bộ giáo dục 보 자오 죽	교육부
bổ ngữ 보 응으	보어	bộ mặt 보 맛	얼굴표정
bố 보	아빠	bộ môn 보 몬	부문
bố chồng 보 쫑	시아버지	bộ ngoại giao 보 응와이 자오	외무부

bốc hơi 증발시키다. 건조시키다.
복 허이

bôi kem chống nắng 선크림을 바르다.
보이 깸 쫑 낭

bôi nhọ vào mặt 얼굴을 더럽히다.
보이 뇨 바오 맛

bông / 3 bông hoa hồng 송이 / 장미 3송이
봉 / 바 봉 화 홍

bộ nhớ 보 녀	메모리(전산)	bốn mươi 본 므어이	40
bộ nông lâm 보 농 럼	농림부	bốn phương 본 프엉	사방
bộ phận 보 펀	부분	bông hoa 봉 화	꽃
bộ thương mại 보 트엉 마이	무역부	bỗng 봉	갑자기
bộ trưởng 보 쯔엉	장관	bỗng nhiên 봉 니엔	갑자기
bốc mùi 복 무이	냄새를 풍기다.	bốt 봇	구역, 장화
bộc lộ 복 로	폭로하다.	bột 봇	가루
bồi dưỡng 보이 즈엉	기르다.	bột giặt 봇 잣	세탁세제
bốn 본	4	bột ngọt 봇 응옷	조미료(미원등)
bốn biển 본 비엔	사대양	bơ 버	버터
bốn lăm 본 람	45	bờ 버	둑
bỗng nhiên đổ mưa 봉 니엔 도 므어		비가 갑자기 퍼붓다.	

bờ biển 버 비엔	해안	bởi 버이	~에 의해
bờ cõi 버 꼬이	국경	bởi vậy 버이 버이	그 때문에
bờ sông 버 쏭	강변	bới lông tìm vết 버이 롱 띰 벳	결점 찾기
bỡ ngỡ 버 응어	경험이 없는	bơm chân không 범 쩐 콩	진공펌프
bơi 버이	수영	bớt 벗	줄이다.
bơi ếch 버이 에익	평영(수영)	BraXin 브라신	브라질
bơi lội 버이 로이	수영하다.	bù 부	보상하다. (머리)얽힌
bơi ngửa 버이 응어	배영(수영법)	bù đầu 부 더우	(일에)빠지다.
bơi thuyền 버이 투엔	노를 젓다.	bùa 부어	부적
bơi tự do 버이 뜨 조	자유형수영	bùi 부이	향기가 나는

bởi vì
버이 비
~이기 때문에. 왜냐하면

bún bò
분 보
분보(쇠고기를 넣은 국수)

bùi tai 부이 따이	듣기 좋은	buổi 부오이	시(때)
bụi 부이	먼지	buổi chiều 부오이 찌에우	오후
bụi bặm 부이 밤	먼지	buổi sáng 부오이 쌍	오전
bùn 분	진흙	buổi tối 부오이 또이	저녁
bún 분	면	buổi trưa 부오이 쯔어	점심(시기)
bụng 붕	배(인체)	buồm 부옴	돛
bụng phệ 붕 페	배 나온	buôn bán 부온 반	판매하다.
Bungari 붕가리	불가리아	buôn lậu 부온 러우	밀수하다.
buộc 부옥	묶다. 작은 묶음	buồn 부온	슬픈, 우울한
buộc tóc 부옥 똑	머리를 묶다.	buồn cười 부온 끄어이	웃기는
bún chả 분 짜		분짜(고기 완자를 얹은 면)	
bún ốc 분 옥		분옥(우렁이 들어간 국수)	

Buồn cười quá. 부온 끄어이 꽈	웃기네.	bút xóa 붓 쏘아	수정액(사무용품)
buồn ngủ 부온 응우	졸리다.	bụt 붓	부처
Buồn ngủ quá. 부온 응우 꽈	졸려	bừa bãi 브어 바이	어지럽게
buồn phiền 부온 피엔	슬퍼 고민하다.	bừa bộn 브어 본	일이 많이 남다.
buồn tẻ 부온 때	단조로운	bữa 브어	낮, 식사
búp bê 붑 베	인형	bữa ăn 브어 안	식사
bút 붓	펜	bữa cơm 브어 껌	식사
bút bi 붓 비	볼펜	bữa tiệc 브어 띠엑	잔치
bút lông 붓 롱	붓	bữa tối 브어 또이	저녁식사
buổi chiều 부오이 찌에우			영화, (방송의)프로
buôn bán 부온 반			무역하다. 장사하다.
Buôn Mê Thuột 부온 메 투옷			부온 메 투옷(도시명)

bức ảnh 북 아잉	그림, 사진	bước chân 브억 쩐	걸음
bức thiết 북 티엣	긴급한	bước đầu 브억 더우	처음의
bức thư 북 트	편지	bước đi 브억 디	걸음
bức tranh 북 짜잉	그림	bước một 브억 못	한 걸음
bức tường 북 뜨엉	벽	bước ra 브억 자	나가다.
bức xúc 북 쑥	긴급한	bước tiến 브억 띠엔	선두의
Bực mình quá 북 미잉 꽈	화나네.	bước vào 브억 바오	발을 들이다.
bực tức 북 뜩	화가 난	bưởi 브어이	자몽(과일)
bưng 붕	들다.(손에)	bưu điện 뷰 디엔	우체국
bước 브억	단계, 걸음	bưu phẩm 뷰 펌	소포
bực mình 북 미잉			성 잘 내는, 화나는
bức / 1 bức tranh 북 / 못 북 짜잉			점 / 그림 1점

bưu thiếp 엽서
뷰 티엡

C

베트남어-한국어 단어장

ca / 까	사례
ca dao / 까 자오	민요
ca hát / 까 핫	노래하다.
ca khúc / 까 쿡	가곡
ca nhạc / 까 냑	노래와 음악
ca sĩ / 까 씨	가수
ca sĩ Việt Nam / 까 씨 비엣 남	베트남 가수
cà chua / 까 쭈어	토마토
Cà Mau / 까 마우	까 마우(도시명)
cà muối / 까 무오이	가지절임(반찬)
Cà phê đặc quá! / 까 페 닥 꽈	커피가 진해.
cả nước Hàn Quốc / 까 느억 한 꿕	한국국민 모두
cà phê / 까 페	커피
cà rốt / 까 롯	당근
cà tím / 까 띰	가지(야채)
cà vạt / 까 밧	넥타이
cả / 까	모든
cả hai đều / 까 하이 데우	둘 다
cả ngày / 까 응아이	하루 종일
cả tin / 까 띤	쉽게 믿는
cá / 까	내기하다. 물고기
cá cược / 까 끄억	내기하다.

cá hồi 까 호이	연어	các bạn 깍 반	친구들
cá kho 까 코	건어	các cái khác 깍 까이 칵	다른 것들
cá mòi 까 모이	정어리	các cô gái 깍 꼬 가이	여자들
cá ngừ 까 응으	참치	các môn điền kinh 깍 몬 디엔 끼잉	육상
cá nhân 까 년	개인	các ông 깍 옹	할아버지들
cá sấu 까 써우	악어	các yếu tố 깍 이에우 또	요소들
cá vàng 까 방	금붕어	cách 까익	법(방법), 떨어진
các 깍	~들(복수)	cách chức 까익 쯕	파면하다.
các anh 깍 아잉	남자들	cách dùng 까익 중	사용법
các bà 깍 바	할머니들	cách khác 까익 칵	다른 방법
cả nước Việt Nam 까 느억 비엣 남			베트남국민 모두
cá nhân tự giới thiệu 까 년 뜨 져이 티에우			자기소개서

cách mạng 까익 망	혁명	cải thiện 까이 티엔	개선하다.
cách nấu 까익 너우	요리법	cải tiến 까이 띠엔	혁신하다.
cách thức 까익 특	시도, 방법	cãi 까이	토론하다.
cai quản 까이 꽌	감독하다.	cãi nhau 까이 냐우	따지다.
cài 까이	묶다. (전산)설치하다.	cãi vã 까이 바	말다툼하다.
cài đặt 까이 닷	(전산)설치하다.	cái bình thường 까이 비잉 트엉	보통 것
cải cách 까이 까익	개혁하다.	cái đó 까이 도	그것
cải chíp 까이 찝	청경채	cái gì 까이 지	무엇
cải thảo 까이 타오	배추	Cái gì? 까이 지	뭐야?

cách đây / cách đây 1 năm   먼, 년전 / 일 년 전
까익 더이 / 까익 더이 못 남

cai   직장, 포기하다. 관리하다.
까이

cải lương   고치다. 개혁하다. 개혁
까이 르엉

cái khác 까이 칵	다른 것	cảm cúm 깜 꿈	감기
cái kia 까이 끼아	저것	cảm động 깜 동	감동하다.
cái màu trắng 까이 머우 짱	하얀색인 것	Cảm động quá. 깜 동 꽈	감동이야.
cái nào 까이 나오	어느 것	cảm giác 깜 작	감각
cái này 까이 나이	이것	cảm nghĩ 깜 응이	감명
cái nút 까이 눗	단추	cảm nhận 깜 년	느끼다.
cái xiên 까이 씨엔	꼬챙이	cảm thán 깜 탄	감탄
cam 깜	오렌지	cảm thấy 깜 터이	느끼다.
cam chịu 깜 찌우	참다.	cảm xúc 깜 쑥	감동

cái / 3 cái quạt máy 까이 / 바 까이 꽛 마이	대 / 선풍기 3대
Cái đó là của tôi. 까이 도 라 꾸어 또이	그거 내거야.
Cái nào cao hơn? 까이 나오 까오 헌	어떤 게 더 커요?

cám ơn 깜 언	감사하다.
Campuchia 깜푸찌아	캄보디아
can 깐	분리하다. 지팡이
can thiệp 깐 티엡	간섭하다.
cản trở 깐 쩌	저지하다.
cán bộ 깐 보	간부
cán bộ nghiệp vụ 깐 보 응이엡 부	실무자
cạn 깐	얕은
cạn kiệt 깐 끼엣	고갈되다.
Canada 까나다	캐나다
càng 깡	더욱 더
càng ngày 깡 아이	나날이
càng ngày càng 깡 아이 깡	더욱 더
cảng 깡	항구
canh 까잉	국(음식)
canh cà chua 까잉 까 쭈어	토마토국
canh giữ 까잉 즈	감시하다.
canh nghêu 까잉 응헤우	조갯국

Cám ơn chị ạ.
깜 언 찌 아
감사합니다. 아줌마.

càng ngày càng phát triển
깡 아이 깡 팟 찌엔
날이 갈수록 발전하다.

càng ngày càng tốt
깡 아이 깡 똣
날이 갈수록 좋아지다.

cành 까잉	나뭇가지	cánh 까잉	날개
cảnh 까잉	경치	cánh đồng 까잉 동	들판
cảnh đẹp 까잉 댑	아름다운 경치	cánh gà 까잉 야	닭날개
cảnh này 까잉 나이	이런 것	cánh tay 까잉 따이	팔
cảnh quan 까잉 꽌	경관	cạnh 까잉	가장자리
cảnh sát 까잉 쌋	경찰	cạnh tranh 까잉 짜잉	경쟁하다.
cảnh sắc 까잉 싹	경치, 국면	cao 까오	높은, 키가 큰
cảnh tượng 까잉 뜨엉	광경	Cao Bằng 까오 방	까오 방(도시명)

càng sớm càng tốt   빠를수록 좋다.
깡 썸 깡 똣

cảnh sát giao thông   교통경찰
까잉 쌋 자오 통

cánh đồng lúa mạch   보리밭
까잉 동 루어 막

Cao Lãnh   까오 라잉(도시명)
까오 라잉

cao cả 까오 까	저명한	cao su 까오 쑤	고무
cao cấp 까오 껍	고급의	cao tầng 까오 떵	고층의
cao đẹp 까오 댑	기품 있는	cao thế 까오 테	높은 전압
cao học 까오 혹	대학원	cao tuổi 까오 뚜어이	중년을 지난
cao hơn 까오 헌	더 높은, 더 큰	cao vút 까오 붓	아주 높은
cao nguyên 까오 응우엔	고원	cáo 까오	여우
cao nhất 까오 녓	제일 높은	cạo râu 까오 저우	면도하다.
cao quý 까오 뀌	고귀한	cát 깟	모래

cắm 깜	(플러그 등에)꽂다. 걸다.
cắm đầu cắm cổ 깜 더우 깜 꼬	정신없이 몰두하는
Cắm vào đi. 깜 바오 디	(플러그 등에)꽂아.
căn / hai căn nhà 깐 / 하이 깐 나	채 / 집 두 채

cau 까우	빈랑나무의 열매	cắm USB 깜 우엣베	USB를 꼽다.
cay 까이	맵다.	căn bản 깐 반	근본
cày cấy 까이 꺼이	땅을 갈다.	căn bệnh 깐 버익	병의 원인
cắc 깍	단단한 것을 치는 소리	căn hộ 깐 호	아파트, 집
cằm 깜	턱	căn nhà 깐 냐	집
cắm cổ 깜 꼬	몰두하다.	căn phòng 깐 퐁	방
cắm đầu 깜 더우	몰두하다.	cặn kẽ 깐 깨	자세한
cắm điện 깜 디엔	전기콘센트	căng 깡	잡아당기다.
cắm trại 깜 짜이	캠핑	căng buồm 깡 부옴	돛을 달다.

căn phòng ngột ngạt
깐 퐁 응옷 응앗

방이 답답하다.

cấm chụp hình
껌 쭙 히잉

사진촬영금지

Cân nặng bao nhiêu?
껀 낭 바오 니에우

몸무게가 얼마야?

베트남어	한국어
căng thẳng 깡 탕	스트레스 받다.
cẳng 깡	다리
cặp 깝	가방, 한 쌍
cặp nhiệt độ 깝 니엣 도	온도를 재다.
cặp sốt 깝 쏫	온도계
cặp tóc 깝 똑	(머리에)핀을 꼽다.
cặp vợ chồng 깝 버 쫑	부부
cắt 깟	(손톱 등을)자르다. 베다.
cắt đứt 깟 듯	줄이다.
cắt ngắn 깟 응안	짧게 자르다.
cắt tóc 깟 똑	이발하다.
cần chỗ ngủ 껀 쪼 응우	잘 곳이 필요하다.
cầm 껌	(손에)들다. 보관하다.
cầm đồ 껌 도	전당포
Cầm lấy. 껌 러이	가지세요.
cầm tay 껌 따이	휴대용의
cấm 껌	금지하다.
cấm rẽ phải 껌 재 파이	우회전금지
cấm rẽ trái 껌 재 짜이	좌회전금지
cấm vào 껌 바오	진입금지
cân 껀	저울, 킬로그램
cân bằng 껀 방	균형
cân nặng 껀 낭	무게가 나가다.

cân nhắc 껀 낙	고려하다.	cẩn 껀	상감세공을 박아 넣다.
cần 껀	필요하다. ~해야 한다.	cẩn thận 껀 턴	조심하다.
cần cấp 껀 껍	긴급한	cấp 껍	등급, 지급하다.
cần cù 껀 꾸	근면한	cấp bách 껍 바익	급박한
Cần gì? 껀 지	뭐 필요해?	cấp bậc 껍 벅	계급
Cần luôn à? 껀 루언 아	지금 필요해?	cấp thiết 껍 티엣	긴급한
cần thiết 껀 티엣	필수적이다.	cấp tốc 껍 똑	속성으로
Cần Thơ 껀 터	껀터 (도시명)	cấp trên 껍 쩬	고위계층

cần phải
껀 파이
반드시 ~해야 한다.

cấp bậc cao nhất
껍 벅 까오 녓
가장 높은 계급

cấp cứu
껍 끄우
응급치료하다. 구급

cập nhật
껍 녓
업데이트하다.(전산)

cất 껏	(물건 등을)나르다.	cầu cống 꺼우 꽁	다리와 도로
cất cánh 껏 까잉	이륙하다.	cầu khiến 꺼우 키엔	권고
câu 꺼우	문장, 낚시	cầu mong 꺼우 몽	열망하다.
câu cá 꺼우 까	낚시하다.	cầu thang 꺼우 탕	계단
câu chuyện 꺼우 쭈엔	이야기	cầu thủ 꺼우 투	축구선수
câu hỏi 꺼우 호이	질문	cầu trượt 꺼우 쯔엇	미끄럼틀
câu lạc bộ 꺼우 락 보	클럽	cầu vượt 꺼우 브엇	육교
câu thơ 꺼우 터	시의 한행	cầu xin 꺼우 씬	애원하다.
câu văn 꺼우 반	문장	cẩu thả 꺼우 타	부주의한
cầu 꺼우	간청하다. 다리(건축)	cấu hình 꺼우 히잉	구성(전산)
cầu thang tự động 꺼우 탕 뜨 동		에스컬레이터	
cầu thủ Hàn Quốc 꺼우 투 한 꿱		한국 선수	

cấu tạo 꺼우 따오	구축하다.	cha 짜	아버지
cấu trúc 꺼우 쭉	구조(전산)	cha mẹ 짜 매	부모(남부어)
cậu 꺼우	너(친구사이)	chà 짜	(감탄사) 오!, 마찰하다.
cây 꺼이	나무	chả 짜	(고기등)갈아서 구운
cây cỏ 꺼이 꼬	초목	chả cá 짜 까	갈아서 구운 생선
cây cối 꺼이 꼬이	나무	chả rán 짜 잔	튀긴 고기
cây leo 꺼이 래오	감아 올라가는 식물	chai 짜이	(음료등을 담는)병
cây số 꺼이 쏘	킬로미터	chải 짜이	솔질을 하다.
cây xanh 꺼이 싸잉	푸른 초목	chạm khắc 짬 각	새기다.
cấy 꺼이	모를 심다.	chán 짠	지루한, 귀찮은

cây / 3 cây bút
꺼이 / 바 꺼이 붓

자루 / 펜 3자루

cha truyền con nối
짜 쭈엔 꼰 노이

부모한테 물려받은

Chán lắm. 짠 람	지겹네.	chào hỏi 짜오 호이	인사(만남)
chán nản 짠 난	낙담시키다.	chảo 짜오	프라이팬
Chán quá. 짠 꽈	귀찮아. 짜증나.	cháo 짜오	스프
chạn 짠	금고	cháu bé 짜우 배	아기
chàng 짱	젊은 남성	cháu gái 짜우 가이	조카(여), 손녀, 딸
chàng trai 짱 짜이	그 젊은이	cháu nội 짜우 노이	친손자
chanh 짜잉	라임	chảy 짜이	흐르다.(유동), 새다.
chào 짜오	안녕. 잘 가.	chảy máu 짜이 마우	피가 나다.
chào đón 짜오 돈	환영하다.	cháy 짜이	(불에)타다.

chai / 3 chai bia   병 / 맥주 3병
짜이 / 바 짜이 비아

cháu   손자, 손자뻘 사람의 호칭
짜우

cháu trai   조카(남), 손자, 아들
짜우 짜이

베트남어	한글 발음	뜻
chạy	짜이	작동하다. 달리다.
chạy ào	짜이 아오	막 뛰어가다.
chạy chậm	짜이 쩜	서행
chạy theo	짜이 태오	뒤쫓다.
chạy trốn	짜이 쫀	도망가다.
chạy xe	짜이 쌔	드라이브하다.
chắc	짝	확실한
chắc là	짝 라	아마
chắc là được	짝 라 드억	아마 될 거야.
chăm	짬	근면하다.
chăm chỉ	짬 찌	열심히
chăm chú	짬 쭈	열중하다.
chăm sóc	짬 쏙	돌보다.
chăn	짠	담요
chăn điện	짠 디엔	전기장판
chăn nuôi	짠 누오이	사육하다.
chạy đi! chạy đi! 짜이 디 짜이 디		달려! 달려!
chạy quanh 짜이 꽈잉		~의 주위를 돌다.
chạy thi 짜이 티		달리기 경주를 하다.
chắc chắn 짝 짠		의심의 여지가 없는

chăng 짱	펴다.
chăng nữa 짱 느어	~조차(도)
chằng 짱	묶다.
chẳng 짱	~하지 않는
chẳng ai 짱 아이	아무도 ~않다.
chẳng biết 짱 비엣	모르다.
chẳng có 짱 꼬	~가 아니다.
chẳng cứ 짱 끄	필요하지 않은
chẳng hạn 짱 한	예를 들면
chăm học 짬 혹	공부에 열중하다. 학구적인
chẳng bao giờ 짱 바오 져	절대로 ~않다.
chẳng đáng mấy 짱 당 머이	돈을 많이 쓰지 않다.
chẳng hạn như 짱 한 느	예를 들면
chẳng là 짱 라	~ 때문이다.
chẳng may 짱 마이	불행하게도
chẳng mấy 짱 머이	드물게
chặng 짱	단계
chắp tay 짭 따이	손으로 연결하다.
chắt 짯	증손, 물을 빼내다.
chặt 짯	자르다. 빈틈없는
châm 쩜	불을 붙이다.

châm chước 쩜 쯔억	용서하다.	chân tay 쩐 따이	수족
châm cứu 쩜 끄우	침술	chân thành 쩐 타잉	성실한
chấm hỏi 쩜 호이	물음표(?)	chân trời 쩐 쩌이	수평선
chấm phẩy 쩜 페이	쉼표(,)	chần 쩐	반숙하다. 꾸짖다.
chấm than 쩜 탄	느낌표(!)	chấn thương 쩐 트엉	외상
chậm 쩜	느리다.	chấp nhận 쩝 년	받아들이다.
chậm chạp 쩜 짭	느리게	Chấp nhận đi. 쩝 년 디	받아들여.
chậm lại 쩜 라이	다시 느려지다.	chất 쩟	물질
chân 쩐	다리(발)	chất đạm 쩟 담	단백질
chân dung 쩐 중	초상(얼굴)	chất liệu 쩟 리에우	재료
chân giò 쩐 져	족(식용)	chất lượng 쩟 르엉	품질
chẳng lẽ 짱 래		~이 가능해? (놀라움)	

chật 쩟	(옷 등)꼭 끼는	che 째	가리다.
châu 쩌우	대륙	che chở 째 쩌	막다.
châu Á 쩌우 아	아시아	che đậy 째 더이	가리다.
châu Âu 쩌우 어우	유럽	che mặt 째 맛	얼굴을 가리다.
châu chấu 쩌우 쩌우	메뚜기	chè 째	차(茶)
châu Mỹ 쩌우 미	미대륙	chè đậu 째 더우	단팥죽
châu Phi 쩌우 피	아프리카	chè xanh 째 싸잉	녹차

chấm
쩜
마침표(.), 물방울무늬의

chậm như rùa
쩜 느 주어
달팽이처럼 느린

chân gà nướng
쩐 갸 느엉
쩐가(닭 바비큐)

chân giả
쩐 쟈
진실과 가식, 인공다리

chất liệu tự nhiên
쩟 리에우 뜨 니엔
천연재료

chẻ 째	자르다.	chết! 쩻	아이고!
chen 짼	떠밀다.	chết đuối 쩻 두오이	익사하다.
chén 짼	그릇(남부), 잔	Chết mất thôi. 쩻 멋 토이	미치겠네.
chèo 째오	배를 젓다.	chi 찌	무엇(남부)
chê 쩨	책잡다.	chi phí 찌 피	비용
chế 쩨	제조하다.	chi tiết 찌 띠엣	자세한
chế biến 쩨 비엔	가공처리하다.	chỉ 찌	단지, 가리키다.
chế độ 쩨 도	제도	chỉ bảo 찌 바오	지시하다.
chế tạo 쩨 따오	제조하다.	chỉ có 찌 꼬	다만, 홀로
chế xuất 쩨 쑤엇	처리	chỉ dẫn 찌 전	안내하다.
chệnh lệch 쩽 렉	격차	chỉ đạo 찌 다오	경영하다.
chết 쩻	사망하다.	chỉ điểm 찌 디엠	밀고하다.

chỉ định 찌 딕	지정하다.	chị dâu 찌 저우	형수, 형님
chỉ đường 찌 드엉	길을 안내하다.	chị em 찌 앰	자매
chỉ huy 찌 휘	지휘하다.	chị gái 찌 가이	언니, 누나
chỉ là 찌 라	다만	Chị nào? 찌 나오	어느 언니?
chỉ số 찌 쏘	지수	chị ơi 찌 어이	언니, 누나(호칭)
Chỉ thế thôi à? 찌 테 토이 아	그것뿐이야?	chia 찌아	나누다.
chỉ thị 찌 티	지시	chia đôi 찌아 도이	반으로 나누다.
chí 찌	뜻	chia sẻ 찌아 쌔	공유하다.
chị 찌	언니, 누나(호칭)	chia tay 찌아 따이	헤어지다.
chị ấy 찌 어이	그 언니, 그 누나	chìa khóa 찌아 콰	열쇠
Chết, muộn rồi. 쩻, 무온 조이			큰일이네. 늦었어요.
chi nhánh 찌 나잉			분점. 대리점. 지점

chích 찍	주사 맞다.(남부어)
chiếc nhẫn 찌엑 년	반지
chiếm 찌엠	(물건을)차지하다.
chiên 찌엔	양(동물), 튀기다.
chiến đấu 찌엔 더우	전투하다.
chiến sự 찌엔 쓰	전투
chiến thắng 찌엔 탕	승리
chiến thuật 찌엔 투엇	전술
chiến tranh 찌엔 짜잉	전쟁
chiêu đãi 찌에우 다이	손님을 대접하다.
chiều 찌에우	오후
chiều cao 찌에우 까오	높이, 키
chiều dài 찌에우 자이	길이, 키
chiều hướng 찌에우 흐엉	추세

Chỉ chúng ta thôi à? 찌 쭝 따 토이 아	우리끼리만?
chị kia ơi 찌 끼아 어이	아줌마(낯선 사람을 부를 때)
chia thành hai cái / chiếc 찌아 타잉 하이 까이 / 찌엑	두개로 자르다.
chiếc / 1 chiếc taxi 찌엑 / 못 찌엑 딱시	대 / 택시 1대
chiếc / 2 chiếc tàu 찌엑 / 하이 찌엑 따우	척 / 배 두 척

chiều mai 찌에우 마이	내일 오후
chiều qua 찌에우 꽈	어제 오후
chiếu 찌에우	매트
chiếu sáng 찌에우 쌍	(밝게)밝히다.
chim 찜	새(동물)
chim cánh cụt 찜 까잉 꿋	펭귄
chim cú 찜 꾸	부엉이(새)
chim đà điểu 찜 다 디에우	타조
chim oanh 찜 와잉	원앙새
chim ưng 찜 응	독수리
chim vẹt 찜 뱃	앵무새
chìm 찜	(배등이)침몰하다.
chín 찐	9
chín chắn 찐 짠	익은, 진지한
chín kỹ 찐 끼	(완전히)익힌
chín mươi 찐 므어이	90

Chiều cao bao nhiêu? 찌에우 까오 바오 니에우	키가 어떻게 돼?
chiều cao bình thường 찌에우 까오 비잉 트엉	보통 키
chiếu phim 찌에우 핌	(영화, 드라마)상영하다.
chính thức 찌잉 특	분명하게, 공식적으로

chín tái 찐 따이	설익은	chịu đựng 찌우 등	참다.
chinh phục 찌잉 푹	정복하다.	chịu khó 찌우 코	노력하다.
chính 찌잉	실제의	cho biết 쪼 비엣	알게 하다.
chính phủ 찌잉 푸	정부	cho đến 쪼 덴	~까지
chính quy 찌잉 뀌	정규	cho là 쪼 라	생각하다.
chính quyền 찌잉 꾸엔	권력	cho mình 쪼 미잉	스스로에게
chính sách 찌잉 싸익	정책	cho mượn 쪼 므언	빌려주다.
chính tả 찌잉 따	받아쓰기	cho nên 쪼 넨	그러므로
chính trị 찌잉 찌	정치	cho phép 쪼 팹	허락하다.
chính xác 찌잉 싹	정확한	cho rằng 쪼 장	~라고 생각하다.
chịu 찌우	견디다.	cho thấy 쪼 터이	생각하게 하다.
chịu ảnh hưởng 찌우 아잉 흐엉			영향을 받다.

베트남어	한국어
cho thuê 쯔 투에	세를 주다.
Cho tôi xem. 쯔 또이 쌤	보여줘.
cho và nhận 쯔 바 년	주고받다.
cho vào 쯔 바오	넣다.
cho vay 쯔 바이	대출하다.
cho vay thế chấp 쯔 바이 테 쩝	담보대출
chó 쯔	개
chó con 쯔 꼰	강아지
choắt 쯔앗	왜소해지다.
chọc trời 쪽 쩌이	마천루
chọn 쫀	고르다.
chọn lựa 쫀 르어	선택하다.
chong chóng 쫑 쫑	바람개비
chóng 쫑	신속한, 빠른, 빨리
chóng lớn 쫑 런	잘 자라다.
chóng mặt 쫑 맛	현기증이 나는
chỗ 쪼	장소
chỗ làm 쪼 람	직장(일터)
chỗ ngồi 쪼 응오이	앉을 자리
chỗ ngủ 쪼 응우	잠자리(장소)
cho 쯔	주다. ~하기 위해서, ~에게
chọn món ăn 쫀 몬 안	음식을 고르다.

chỗ ở 쪼 어	집, 주택, 거주지	chở 쩌	수송하다.
chỗ trống 쪼 쫑	공백	chớ 쩌	하지 마세요.
chổi 쪼이	빗자루	chợ 쩌	시장
chối 쪼이	부인하다.	chợ búa 쩌 부어	시장의 총칭
chôn 쫀	(땅에)묻다.	chơi 쩌이	놀다.
chồng 쭝	남편	chơi bài 쩌이 바이	카드를 치다.
chống 쫑	대항하다. 저항하다.	chơi game 쩌이 게임	게임하다.
chống đối 쫑 도이	대항하다.	chớp 쩝	번개
chống lại 쫑 라이	저항하다.	chu đáo 쭈 다오	신경 쓰다.
chờ 쩌	기다리다.	chu kỳ 쭈 끼	주기(시기)
chờ đợi 쩌 더이	기다리다.	chủ 쭈	주인
chống say tàu xe 쫑 싸이 따우 쌔			멀미를 막다.

chủ đạo 쭈 다오	결정적인	chủ quan 쭈 꽌	주관(자아)
chủ đề 쭈 데	주제	chủ quán 쭈 꽌	가게주인
chủ đích 쭈 딕	주요목적	chủ thể 쭈 테	주체
chủ động 쭈 동	솔선해서 하다.	chủ tịch 쭈 띡	주석(대통령)
chủ nghĩa 쭈 응이아	주의, 교리	chủ yếu 쭈 이에우	주된
chủ ngữ 쭈 응으	주어	chú 쭈	삼촌, 아저씨
chủ nhà 쭈 냐	집주인	chú bé 쭈 배	연하의 남자
chủ nhân 쭈 년	주인	chú rể 쭈 제	신랑
chủ nhật 쭈 녓	일요일	chú thích 쭈 틱	주석을 달다.
chủ nhiệm 쭈 니엠	주임	chú ý 쭈 이	주의하다.

chơi bời 쩌이 버이	(공부. 일을 안하고)놀다.
chủ nhiệm khoa 쭈 니엠 콰	학과의 책임자

Chú ý đây 쭈 이 더이	주목하세요.	Chúc mừng chị. 쭉 믕 찌	축하해요.
chua 쭈어	시다.(맛)	Chúc ngủ ngon! 쭉 응우 응온	잘 자.
chua ngọt 쭈어 응옷	새콤달콤한	chúc tết 쭉 뗏	새해인사를 하다.
Chua quá. 쭈어 꽈	시어.(맛)	chục 쭉	열개(한 묶음)
chùa 쭈어	사찰	chùm 쭘	다발, 송이(포도등)
chúa 쭈어	신(종교)	chùn 쭌	움츠리다.
chuẩn 쭈언	표준. 기준	chung 쭝	공공의
chuẩn bị 쭈언 비	준비하다.	chung kết 쭝 껫	결승
chúc 쭉	축하하다. 바라다.	chung thủy 쭝 투이	정절 있는
chúc mừng 쭉 믕	축하하다.	chủng loại 쭝 라이	종류

chủ tịch Hồ Chí Minh 호치민 주석
쭈 띡 호 찌 밍

chuẩn bị bữa tối 저녁을 준비하다.
쭈언 비 브어 또이

chúng 쭝	그들	chuỗi 쭈오이	끈, 한줄
chúng em 쭝 앰	우리(em의 복수)	chuối 쭈오이	바나나
chúng mình 쭝 미잉	우리들.	chuối xanh 쭈오이 싸잉	초록색 바나나
chúng tớ 쭝 떠	우리	chuồn 쭈온	잠자리(곤충)
chuôi tay cầm 쭈오이 따이 껌	손잡이	chuồn chuồn 쭈온 쭈온	잠자리(곤충)

chuẩn bị hộ chiếu 　　　　　여권을 준비하다.
쭈언 비 호 찌에우

chuẩn bị về nước 　　　　　귀국준비
쭈언 비 베 느억

Chúc ăn ngon. 　　　　　맛있게 먹어.
쭉 안 응온

Chúc bác mạnh khỏe. 　　　(어른에게)건강하세요.
쭉 박 마잉 쾌

Chúc mừng năm mới. 　　　새해 복 많이 받으세요.
쭉 믕 남 머이

Chúc sức khỏe. 　　　　　건배.(건강을 위하여)
쭉 쓱 쾌

Chúc thành công. 　　　　성공하시기를 바랄게요.
쭉 타잉 꽁

chuông 쭈옹	종(벨)	chút ít 쭛 잇	조금
chuông cửa 쭈옹 끄어	초인종	chút nào 쭛 나오	전혀 ~이다.
chuột 쭈옷	쥐, 마우스(전산)	chút nữa 쭛 느어	조금 있다가
chụp 쭙	잡다.	chút việc 쭛 비역	(어떤)일
chụp ảnh 쭙 아잉	사진을 찍다.	chuyên chở 쭈엔 쩌	나르다.
chút 쭛	소량의	chuyên đề 쭈엔 데	특별한 주제

chúc thư 쭉 트	유언으로 남겨주다.
Chúc vạn sự như ý. 쭉 반 쓰 느 이	원하는 대로 되길 바랍니다.
Chúc vui vẻ. 쭉 부이 배	즐겁기를 바랍니다.
chúng cháu 쭝 짜우	우리(cháu 복수)
chúng con 쭝 꼰	우리(con의 복수)
chúng ta 쭝 따	우리(듣는 사람포함)

chuyên gia	전문가
쭈엔 쟈	

chuyên môn	전문(잘하는)
쭈엔 몬	

chuyên mục	칼럼리스트
쭈엔 묵	

chuyên nghiệp	프로페셔널
쭈엔 응이엡	

chuyền	건네주다.
쭈엔	

chuyền tay	직접 건네주다.
쭈엔 따이	

chuyển	옮기다.
쭈엔	

chuyển đổi	환전하다.
쭈엔 도이	

chuyển tàu	차를 갈아타다.
쭈엔 따우	

chuyến	여행, 편
쭈엔	

chúng tôi	우리(듣는 사람포함 않음)
쭝 또이	

chụp ảnh cả người	전신을 찍다.
쭙 아잉 까 응어이	

chụp ảnh nửa người	상반신을 찍다.
쭙 아잉 느어 응어이	

chụp X-quang	엑스레이를 찍다.
쭙 엑스 꽝	

chuyển động	운전하다. 움직이다.
쭈엔 동	

chuyển máy	전화를 바꾸다.
쭈엔 마이	

chuyển sang	(화제를)바꾸다.
쭈엔 쌍	

chuyến bay 쭈엔 바이	비행기 편	chữ 쯔	문자
chuyến du lịch 쭈엔 주 릭	여행	chữ Hán 쯔 한	한자
chuyến đi 쭈엔 디	(짧은) 여행	chữ in 쯔 인	활자
chuyến xe 쭈엔 쌔	차편	chữ tượng hình 쯔 뜨엉 히잉	상형문자
chuyện 쭈엔	사건, 이야기	chữ viết 쯔 비엣	글자
chuyện cười 쭈엔 끄어이	웃기는 농담	chưa ăn 쯔어 안	아직 안 먹다.
chuyện sau lưng 쭈엔 싸우 릉	뒷담화	chữa bệnh 쯔어 버익	치료하다.

chuyển tiền sang tài khoản khác   이체송금
쭈엔 띠엔 쌍 따이 콴 칵

chuyện chơi   심심풀이로 하는 일
쭈엔 쩌이

chuyện có thực   실제로 있었던 일
쭈엔 꼬 특

chuyện gì đấy?   무슨 일이야?
쭈엔 지 더이

chứ   (대답)물론이죠. (질문)그렇죠?
쯔

chữa trị 쯔어 찌	치료하다.
chứa 쯔어	담고 있다.
chức 쯕	직무, 특성
chức danh 쯕 자잉	각 직무의 임무
chức năng 쯕 낭	기능
chức vị 쯕 비	임무와 지위
chức vô địch 쯕 보 딕	승리
chức vụ 쯕 부	직무
chửi bới 쯔이 버이	욕하다. 악담하다.
chưng 쯩	삶다.
chừng 쯩	절제 있는
chừng độ 쯩 도	정도, 대략

chưa
쯔어
아직 ~ 않다. ~했습니까?

chưa bao giờ
쯔어 바오 져
~한 적이 없다.

chưa bao giờ nói chuyện 아직 대화해 본적이 없다.
쯔어 바오 져 노이 쭈엔

chưa chọn được
쯔어 쫀 드억
아직 안 고르다.

chưa quen
쯔어 꾸앤
아직 익숙지 않다.

chưa thuộc đường
쯔어 투억 드엉
아직 길이 익숙지 않다.

chứng chuột rút 쯩 쭈옷 줏	쥐(경련)
chứng khoán 쯩 콴	증권
chứng kiến 쯩 끼엔	목격하다.
chứng minh 쯩 밍	증명하다.
chứng tỏ 쯩 또	증거하다.
chương 쯔엉	장(책)
cỏ 꼬	잔디
có 꼬	질문형의 조동사, 있다.
chữa 쯔어	치료하다. (잘못을)정정하다.
chứng minh thư 쯩 밍 트	주민등록증
chương mục 쯔엉 묵	(은행)구좌기록
chương trình biểu diễn 쯔엉 찌잉 비에우 지엔	프로그램 팸플릿
Có ạ 꼬 아	네
có ăn 꼬 안	수지맞는
Có bận không? 꼬 번 콩	바빠?
có chồng 꼬 쭝	기혼인
có chuyện 꼬 쭈엔	유사시
có công 꼬 꽁	공적이 있다.
có cơ 꼬 꺼	(목숨 등을)걸다.
có danh thiếp 꼬 자잉 티엡	명함이 있다.

Có dấu không? 성조 있어? 꼬 저우 콩	có hình ~처럼 생긴 꼬 히잉
có dịp 기회가 있다. 꼬 집	có ích 도움이 되는 꼬 익
có duyên 우아한 꼬 주엔	có khi 때때로, 아마 꼬 키
có điều 단지 꼬 디에우	có không ~까? 꼬 콩
Có được không ạ? 되나요? 꼬 득억 콩 아	có lẽ 아마도 꼬 래
có đường 설탕이 든 꼬 드엉	Có lẽ là thế. 아마 그럴걸. 꼬 래 라 테
Có hay không? 재미있어? 꼬 하이 콩	có lợi 유익하다. 꼬 러이
Có hẹn rồi. 약속이 있어. 꼬 핸 조이	có lúc 때때로 꼬 룩
Có hiểu không? 이해했어? 꼬 히에우 콩	có lý 타당하다. 꼬 리
chương trình 쯔엉 찌잉	프로그램 계획시간표(TV)
Có điện thoại! 꼬 디엔 토와이	전화 왔어요.
Có gần đây không? 꼬 건 더이 콩	가까워?

có mang 꼬 망	임신하다.	có thai 꼬 타이	임신하다.
có mặt 꼬 맛	존재하다.	có thể 꼬 테	~할 수 있는
có mấy 꼬 머이	몇 개 있는	có thêm 꼬 템	추가되다.
có mùi 꼬 무이	나쁜 냄새가 나다.	có tiếng 꼬 띠응	유명한
có mùi thơm 꼬 무이 텀	향기가 좋은	có tuyết 꼬 뚜엣	눈이 오다.
có nghĩa 꼬 응이아	의미하다.	có vấn đề 꼬 번 데	문제가 있다.
Có ngon không? 꼬 응온 콩	맛있어?	có vẻ giống 꼬 배 종	~처럼 보이다.
có nhà 꼬 냐	집에 있는	Có vẻ ngon nhỉ. 꼬 배 응온 니	맛있겠다.
Có sốt không? 꼬 쏫 콩	열이 나?	có vợ 꼬 버	결혼하다.
có tài 꼬 따이	재능이 있는	coi 꼬이	여기다.
có kinh nguyệt 꼬 끼잉 응우엣			월경이 있다.
Có ngủ ngon không? 꼬 응우 응온 콩			잘 잤어?

베트남어	한국어
coi như 꼬이 느	간주하다.
coi trọng 꼬이 쫑	중요하게 여기다.
còi 꼬이	왜소한, 기적소리
compa 꼼빠	캠퍼스(학용품)
con 꼰	아이
con bé 꼰 배	아이
con bồ nông 꼰 보 농	펠리컨(새)
con cháu 꼰 짜우	자손
con cóc 꼰 꼭	두꺼비
con công 꼰 꽁	공작(동물)
con dao 꼰 자오	나이프
con dâu 꼰 저우	며느리
con đường 꼰 드엉	길
con em 꼰 앰	연소자
con gái 꼰 가이	딸
con gián 꼰 잔	바퀴벌레
có phải là không? 꼬 파이 라 콩	입니까?
có sẵn 꼬 싼	이용할 수 있는, 고유의
có thể tìm được 꼬 테 띰 드억	찾을 수 있다.
có thích hay không 꼬 틱 하이 콩	좋아하는지 아닌지

con mắt 꼰 맛	눈	con trỏ 꼰 쪼	(전산)커서
con một 꼰 못	독자(가족)	con út 꼰 웃	막내
con ngươi 꼰 응어이	눈동자	còn 꼰	(남아)있다.
con người 꼰 응어이	사람	còn lại 꼰 라이	남기다.
con ở 꼰 어	가정부	còn thừa 꼰 트어	남다.
con rể 꼰 제	사위	còn tôi 꼰 또이	나로서는
con rối 꼰 조이	맹종자	cô 꼬	숙모, 고모, 아가씨
con số 꼰 쏘	숫자, 지수	cô ấy 꼬 어이	그녀, cô의 삼인칭
con suối 꼰 쑤오이	시내, 개울	cô-ca 꼬 까	콜라
con trai 꼰 짜이	아들	cô dâu 꼬 저우	신부(결혼)
con trai cả 꼰 짜이 까	맏아들	cô đơn 꼬 던	외로이

có thực mới vực được đạo 꼬 특 머이 븍 드억 다오	금강산도식후경

cô gái 꼬 가이	여자	cổ họng 꼬 홍	목구멍
cô giáo 꼬 쟈오	여선생님	cổ kính 꼬 끼잉	고대의
cô phục vụ 꼬 푹 부	웨이트리스	cổ mạc 꼬 막	고막
cô ta 꼬 따	그녀	cổ phiếu 꼬 피에우	주식
cô y tá 꼬 이 따	간호사	cổ thụ 꼬 투	오래된 나무
cổ 꼬	역사가 깊은, 목	cổ tích 꼬 띡	유적
cổ điển 꼬 디엔	고전의	cổ truyền 꼬 쭈엔	오랫동안 내려온
cổ động 꼬 동	홍보를 하다.	cổ vật 꼬 벗	골동품

Có vẻ là không ngon.
꼬 배 라 콩 응온

맛없어 보여.

có vẻ hình hoa
꼬 배 히잉 화

꽃이 그려져 있다.

Có vui vẻ không?
꼬 부이 배 콩

즐거웠어?

Có vừa ý không?
꼬 브어 이 콩

마음에 들어?

cổ vũ 꼬 부	격려하다.	cố gắng 꼬 강	열심히 하다.
cổ xưa 꼬 쓰어	옛날의	cố vấn 꼬 번	고문
cỗ 꼬	짝, 잔치	cố ý 꼬 이	계획적으로
cỗ cưới 꼬 꼬어이	결혼피로연	cốc 꼭	쥐어박다.
cố 꼬	노력하다. 고정된	cốc đá 꼭 다	얼음잔
cố định 꼬 딕	고정된	cốc tai 꼭 따이	칵테일

coi thường 꼬이 트엉	가볍게 생각하다.
con / 3 con gà 꼰 / 바 꼰 야	마리 / 닭 3마리
cố gắng giải thích 꼬 강 쟈이 틱	열심히 설명하다.
cốc / 1 cốc sữa 꼭 / 못 꼭 쓰어	잔 / 우유 한잔
công bố 꽁 보	공식적으로 알리다.
công nghệ thông tin 꽁 응에 통 띤	기술정보

cội nguồn 꼬이 응우온	원점
cởi quần áo 꺼이 꿘 아오	옷을 벗다.
cốm 꼼	(초록색 물을 들인)꼼
công an 꽁 안	경찰관
công bằng 꽁 방	공평
công chức 꽁 쯕	공무원
công chứng viên 꽁 쯩 비엔	공증인
công cộng 꽁 꽁	공공의
công cụ 꽁 꾸	도구
công cuộc 꽁 꾸옥	(맡겨진)일, 사업
công đoàn 꽁 도안	노동조합
công đoạn 꽁 돤	공정
công giáo 꽁 쟈오	크리스천
công khai 꽁 카이	공개적인
công khố phiếu 꽁 코 피에우	국고채권
công nghệ 꽁 응에	공예, 기술
công nhận 꽁 년	공식적으로 인정하다.
công ty cho thuê xe 꽁 띠 쪼 투에 쌔	렌터카회사
công ty nước ngoài 꽁 띠 느억 응와이	외국회사
công ty vừa và nhỏ 꽁 띠 브어 바 뇨	중소기업

công nghiệp 공업, 산업 꽁 응이엡	công trường 공사장 꽁 쯔엉
công nghiệp hóa 공업화 꽁 응이엡 화	công ty 회사 꽁 띠
công nghiệp nhẹ 경공업 꽁 응이엡 내	công ty du lịch 여행사 꽁 띠 주 릭
công nguyên 서력 꽁 응우엔	công ước 공약 꽁 으억
công nhân 공장 노동자 꽁 년	công việc 업무 꽁 비엑
công phu 노동 꽁 푸	công viên 공원 꽁 비엔
công sức 힘, 인력 꽁 쓱	cổng 출입문, 입구 꽁
công tác 공무 꽁 딱	cộng đồng 공동의 꽁 동
công tắc 스위치 꽁 딱	cộng hòa 공화(국) 꽁 화
công thức 공식(수학, 의식) 꽁 특	cộng tác 공동으로 일하다. 꽁 딱
công trái 공채(증권) 꽁 짜이	cốt cách 성격, 개성 꼿 까익
công trình 작업 꽁 찌잉	cột 기둥, 칼럼의 난 꼿

cột cờ 꼿 꺼	깃대	cờ tướng 꺼 뜨엉	장기(체스)
cơ 꺼	기회	cỡ 꺼	크기
cơ bản 꺼 반	기본적인	cơm 껌	밥
cơ cấu 꺼 꺼우	구조	cơm bình dân 껌 비잉 전	대중식당
cơ hội 꺼 호이	기회	cơm cháy 껌 짜이	누룽지
cơ mà 꺼 마	그러나, ~잖아요.	cơm không 껌 콩	맨밥
cơ quan 꺼 꽌	기관	cơm mới 껌 머이	새로 지은 밥
cơ sở 꺼 써	기초	cơm nước 껌 느억	음식
cơ thể 꺼 테	몸	cơm trộn thập cẩm 껌 쫀 텁 껌	비빔밥
cờ 꺼	깃발, 장기	cơn 껀	(병의)증세

cộng sản   공산(주의자)
꽁 싼

cơ quan nhà nước   체제, 정부행정
꺼 꽌 냐 느억

cơn bão 껀 바오	태풍	cụ thể 꾸 테	구체적인
cơn sốt 껀 쏫	발열	cụ thể hóa 꾸 테 화	구체화
Cu Ba 꾸 바	쿠바	cua 꾸어	게
cù lao 꾸 라오	섬, 고통스러운 일	cua biển 꾸어 비엔	바닷게
củ 꾸	뿌리식물	của 꾸어	~의, 재산
củ sen 꾸 쌘	연근	của anh 꾸어 아잉	그의, 영국의
cũ kỹ 꾸 끼	낡은	của bà 꾸어 바	그녀의
cụ bị 꾸 비	구비하다	của cải 꾸어 까이	부(재산)
cụ ông 꾸 옹	증조부	của em 꾸어 앰	그녀의, 그의

cơ sở dữ liệu
꺼 써 즈 리에우   데이터베이스(전산)

cơ sở hạ tầng
꺼 써 하 떵   사회간접시설

cởi
꺼이   (끈 등을)풀다. (옷 등을)벗다.

của mình 꾸어 미잉	자신의	cún 꾼	강아지
của nhân dân 꾸어 년 전	국민의	cung 꿍	궁(건물)
của ông 꾸어 옹	그의	cung cấp 꿍 껍	제공하다.
của riêng 꾸어 지응	개인재산	cung kính 꿍 끼잉	공손한
cùi 꾸이	나병의	cung trăng 꿍 짱	달
củi 꾸이	장작	cùng 꿍	함께
cúi 꾸이	머리를 숙이다.	cùng đi 꿍 디	같이 가다.
cúi đầu 꾸이 더우	머리를 숙이다.	cùng nhau 꿍 냐우	함께
cúm 꿈	유행성감기	cùng tồn tại 꿍 똔 따이	공존하다.
cúm gà 꿈 갸	조류독감	cùng tuổi 꿍 뚜어이	동갑
cụm từ 꿈 뜨	간결한 말	cùng với 꿍 버이	더불어
cơm bị cháy sém 껌 비 짜이 쌤			밥이 타다.

củng cố 꿍 꼬	공고히 하다.	cuộc đua 꾸옥 두어	경기
cùng 꿍	~도(또한)	cuộc hẹn 꾸옥 핸	데이트, 약속
cùng nên 꿍 넨	아마도	cuộc họp 꾸옥 홉	회의
cùng như 꿍 느	마찬가지로	cuộc sống 꾸옥 쏭	삶
cùng thế 꿍 테	또한	cuộc thi 꾸옥 티	경연대회
cùng vậy 꿍 버이	역시	cuộc triển lãm 꾸옥 찌엔 람	전시회
cúng 꿍	제사를 지내다.	cuộc trò chuyện 꾸옥 쪼 쭈엔	대화
cuốc 꾸옥	팽이	cuộc vui 꾸옥 부이	오락
cuộc chiến 꾸옥 찌엔	전쟁	cuối 꾸오이	끝
cuộc đời 꾸옥 더이	생활, 인생	cuối cùng 꾸오이 꿍	결국
cơm lam 껌 람			대나무통에 지은밥
cụ 꾸			나이가 많은 사람(존경의 뜻)

베트남어	한국어
cuối năm 꾸오이 남	연말
cuối tháng 꾸오이 탕	월말
cuối tuần 꾸오이 뚜언	주말
cuốn 꾸온	~부. ~벌
cuốn hút 꾸온 훗	흡수하다.
cuốn sách 꾸온 싸익	책
cuộn phim 꾸온 핌	롤필름
cuống hoa 꾸옹 화	꽃가루
cuống lên 꾸옹 렌	스트레스 받다.
cúp 꿉	(우승)컵, 끊다.
Cúp đi. 꿉 디	전화 끊자.
cuộc 꾸옥	모임, 시합 등에 쓰이는 말
cúp điện 꿉 디엔	전기를 끊다.
cúp hơi 꿉 허이	가스를 잠그다.
cúp lương 꿉 르엉	급료를 깎다
cúp máy 꿉 마이	전화를 끊다.
cư dân 끄 전	거주자, 주민
cư trú 끄 쭈	거주
cư xử 끄 쓰	처신하다.
cử 끄	임명하다.
cử chỉ 끄 찌	태도, 모습
cử nhân 끄 년	학사 학위
cử tạ 끄 따	(역기를)들다.

cứ 끄	계속	cửa khẩu 끄어 커우	세관
Cứ đi đi. 끄 디 디	계속 가.	cửa nhà 끄어 냐	집
cự ly 끄 리	거리(멀기)	cửa ra 끄어 자	출구
cửa 끄어	문	cửa sổ 끄어 쏘	창문
cửa bán vé 끄어 반 배	매표소	cực 끅	전극, 대단히
cửa biển 끄어 비엔	항구	cực kỳ 끅 끼	극히
cửa hàng 끄어 항	가게	cứng 끙	딱딱한
cửa hàng bách hóa 끄어 항 바익 화	백화점	cứng rắn 끙 잔	의지가 굳은
cửa hàng hoa 끄어 항 화	꽃가게	cước 끄억	요금
cửa hàng quần áo 끄어 항 꿘 아오	옷가게	cước phí 끄억 피	요금
cửa hiệu 끄어 히에우	가게	cười 끄어이	웃다.
cuộn / 3 cuộn giấy vệ sinh 꾸온 / 바 꾸온 져이 베 씨잉		롤 / 휴지 3롤	

Cười lên. 끄어이 렌	활짝 웃어.	cường độ 끄엉 도	강도
cười nụ 끄어이 누	미소	cường quốc 끄엉 꿕	강국
cưỡi 끄어이	(말 등을)타다.	cướp 끄업	빼앗다.
cưỡi ngựa 끄어이 응어	말을 타다.	cừu 끄	양(동물)
cưới 끄어이	결혼하다.	cứu 끄	구하다.
cưới vợ 끄어이 버	장가가다.	cứu chữa 끄 쯔어	치료
cương 끄엉	고삐, 부풀은	cứu giúp 끄 쥽	(응급)구조하다.
cương dâm 끄엉 점	강간	cứu sống 끄 쏭	생명을 구하다.
cương vị 끄엉 비	지위	cứu trợ 끄 쩌	돕다.
cường 끄엉	강한		

cứ để
끄 데
남기다. ~채로 놔두다.

cứ đi thẳng
끄 디 탕
계속 똑바로 직진하다.

cửa hàng miễn thuế
끄어 항 미엔 투에

면세점

d

베트남어-한국어 단어장

da / 자	피부
da đẹp / 자 댑	고운피부
da nổi mụn / 자 노이 문	발진
da trắng / 자 짱	흰 피부
dạ / 자	네.(대답)
dạ dày / 자 자이	위(신체)
dạ hội / 자 호이	파티
dai / 자이	강인한
dai sức / 자이 쓱	내구성이 있는
dài / 자이	길다.
dài hạn / 자이 한	한도를 늘리다.
dải / 자이	끈
dải băng / 자이 방	일회용밴드
dám / 잠	감히~하다.
dàn nhạc / 잔 낙	오케스트라
dán / 잔	붙이다.
dán tem / 잔 땜	우표를 붙이다.
dạng / 장	형태
danh / 자잉	명성, 이름
danh hiệu / 자잉 히에우	타이틀
da mịn màng / 자 민 망	부드러운 피부
dám nói / 잠 노이	대담하게 말을 하다.

danh mục 자잉 묵	목록	dành 자잉	저축하다.
danh ngữ 자잉 응으	명사어구	dành cho 자잉 쪼	위한
danh nhân 자잉 년	유명인사	dao 자오	나이프
danh sách 자잉 싸익	리스트	dao cạo 자오 까오	면도칼
danh thiếp 자잉 티엡	명함	dạo chơi 자오 쩌이	산보
danh tiếng 자잉 띠응	명성	dạo này 자오 나이	요즘
danh từ 자잉 뜨	명사	dày 자이	굵다.
danh vị 자잉 비	명예와 지위	dãy 자이	열(줄)

danh lam thắng cảnh   (이름이 난)명소
자잉 람 탕 까잉

danh mục hàng hóa   카탈로그
자잉 묵 항 화

dành cho người đi du lịch   여행자를 위한
자잉 쪼 응어이 디 주 릭

dành riêng   특별히 준비해 두다.
자잉 지응

98

dãy núi 자이 누이	산맥	dâm 점	음란한
dạy 자이	가르치다.	dâm bôn 점 본	간통
dạy bảo 자이 바오	가르치다.	dâm hôn 점 혼	불륜의 남녀관계
dạy dỗ 자이 조	가르치다.	dân 전	시민
dạy học 자이 혹	가르치다.	dân ca 전 까	민요, 대중가요
dăm 잠	네다섯의	dân chủ 전 쭈	민주
dăm ba 잠 바	서너 개의	dân chúng 전 쭝	민중
dặn 잔	충고하다.	dân cư 전 끄	거주민
dắt 잣	(아이를)데리고 가다.	dân gian 전 쟌	민간

Dạo này thế nào?
자오 나이 테 나오   요즘 어떻게 지내?

dạy tiếng Việt
자이 띠응 비엣   베트남어를 가르치다.

dâng
정   정중히 들어 올려 바치다.

dân làng 전 랑	마을사람	dẫn đầu 전 더우	이끌다.
dân số 전 쏘	인구	dập ghim 접 김	스탬플러
dân số Hà Nội 전 쏘 하 노이	하노이 인구	dâu 저우	며느리
dân tộc 전 똑	민족	dâu tây 저우 떠이	딸기
dân tộc thiểu số 전 똑 티에우 쏘	소수민족	dầu 저우	기름
dần 전	점점	dầu ăn 저우 안	식용유
dần dần 전 전	조금씩	dầu gội đầu 저우 고이 더우	샴푸
dẫn 전	이끌다.	dầu hỏa 저우 화	석유
dẫn chứng 전 쯩	증거를 세우다.	dầu khí 저우 키	오일과 가스

dâng lên vua 왕에게 바치다.
정 렌 부어

dễ thương (아기나 애인이)사랑스러운
제 트엉

Dễ thương quá. (아기나 애인에게)귀여워.
제 트엉 꽈

dầu sao 저우 싸오	어쨌든	dấu vết 저우 벳	흔적
dẫu 저우	비록 ~이지만	dây 저이	줄
dấu 저우	표시, 성조	dây chun 저이 쭌	고무줄
dấu chân 저우 쩐	발자국	dây cót 저이 꼿	스프링
dấu hai chấm 저우 하이 쩜	콜론(:)	dây phơi 저이 퍼이	빨랫줄
dấu hiệu 저우 히에우	기호, 흔적	dây thắt lưng 저이 탓 릉	벨트
dấu hỏi 저우 호이	성조(ả)	dậy 저이	(잠에서)일어나다.
dấu huyền 저우 휘엔	성조(à)	dậy muộn 저이 무온	늦게 일어나다.
dấu nặng 저우 낭	성조(ạ)	dậy sớm 저이 썸	일찍 일어나다.
dấu ngã 저우 응아	성조(ã)	dẹp 잽	진압하다.
dấu sắc 저우 싹	성조(á)	dê 제	염소
di chuyển 지 쭈엔			옮기다. 움직이다.

dễ 제	쉬운	dễ vỡ 제 버	깨지기 쉽다.
dễ bị hỏng 제 비 홍	쉽게 상하다.	dệt 젯	(직물을)짜다.
dễ chịu 제 찌우	편해지다.	di cư 지 끄	이주하다.
dễ dàng 제 장	쉬운	di dân 지 전	이민
dễ hiểu 제 히에우	이해하기 쉬운	di ngôn 지 응온	유언
dễ hơn 제 헌	더 쉽다.	di tích 지 띡	유적

di tích lịch sử
지 띡 릭 쓰
명승고적, 문화유산

Dịch từ tiếng Hàn ra tiếng Việt.
직 뜨 띠응 한 자 띠응 비엣
한국어를 베트남어로 번역하다.

dịch vụ
직 부
서비스(전자제품 등)

dịch vụ bảo hành
직 부 바오 하잉
애프터서비스

dịch vụ lộn xộn
직 부 론 쏜
서비스가 엉망이다.

베트남어	한국어
di truyền (지 쭈엔)	유전의
dì (지)	이모
dị ứng (지 응)	알레르기
dĩa (지아)	포크
dịch (직)	번역하다. 옮기다.
diêm (지엠)	성냥
diêm điền (지엠 디엔)	염전
diễn đạt (지엔 닷)	표현하다.
diễn hành (지엔 하잉)	검열(검토)하다.
diễn ra (지엔 자)	행사가 열리다.
diễn tả (지엔 따)	서술하다.
diễn văn (지엔 반)	연설
diễn viên (지엔 비엔)	배우
diện tích (지엔 띡)	면적
diệt (지엣)	망하게 하다.
dính (지잉)	달라붙다.
dịp (집)	(특수한)때, 기회
dịu dàng (쥬 장)	온화한
diễn (지엔)	(무대에서)연기하다. 실현되다.
diễn viên nổi tiếng (지엔 비엔 노이 띠응)	유명배우
diện tích Hà Nội (지엔 띡 하 노이)	하노이 면적

do 조	~에 의해	dọa 좌	위협하다.
do dự 조 즈	멈칫하다.	doanh nghiệp 좌잉 응이엡	영업하다.
do đó 조 도	~에 의해	doanh thu 좌잉 투	수입, 소득
do vậy 조 버이	그렇기 때문에	dọc 족	~을 따라, 길이
dò hỏi 조 호이	캐묻다.	dọn 존	정돈하다.
dó 조	종이를 만드는 나무껍질	dọn nhà 존 냐	이사하다.

dò hỏi về đời tư 사생활을 캐묻다.
조 호이 베 더이 뜨

dọn dẹp 수습하다. 청소하다.
존 잽

dọn nhà vào 이사 들어가다.
존 냐 바오

dọn sạch 수습하다. 청소하다.
존 싸익

dọn về một căn nhà mới 새집으로 이사하다.
존 베 못 깐 냐 머이

dùng 사용하다. (음식을)먹다.
중

베트남어	한국어
dong 종	호송하다.
dòng 종	줄(선)
dốc 족	비탈
dồi dào 조이 자오	풍부한
dỗi 조이	토라지다.
Dỗi rồi. 조이 조이	삐졌어.
dốt 좃	어리석은
dời 저이	이사하다.
dùng mỹ phẩm 중 미 펌	화장품을 쓰다.
Dùng thế nào? 중 테 나오	어떻게 쓰는 거야?
dự định 즈 딕	예정이다. 할 것이다.
Dừng lại. 중 라이	(택시에서)세워주세요.
du 주	갑자기 밀다.
du canh 주 까잉	유목농업
du cư 주 끄	유목생활을 하다.
du học 주 혹	유학가다.
du khách 주 카익	여행객
du kích 주 끽	유격병
du lịch 주 릭	여행하다.
dù 주	우산(남부), 어쨌든

dù sao 주 싸오	어쨌든	dụng ý 중 이	고의적으로
dù sao thì 주 싸오 티	그건 그렇고	duỗi 주오이	뻗다.
dung 중	허용하다.	duy 주이	유일하게
dùng cho 중 쪼	~할 작정이다.	duy nhất 주이 녓	단독의, 유일한
dùng gì 중 지	무엇을 먹다.	duy trì 주이 찌	지탱하다.
dùng thử 중 트	시도	duyên hải 주엔 하이	연해
dũng cảm 중 깜	용감하다.	duyệt 주엣	면밀히 검토하다.
dũng khí 중 키	용기	dư luận 즈 루언	여론
dụng cụ 중 꾸	도구	dữ 즈	사나운

Dừng ở đây.
증 어 더이
(택시에서)여기서 세워주세요.

dựng dậy
증 저이
(넘어졌다가)일어나다.

dưới / dưới 30
즈어이 / 즈어이 바 므어이
이하 / 3 이하

베트남어	한국어
dữ dội 즈 조이	사나운
dữ liệu 즈 리에우	정보, 자료
dự 즈	출석하다.
dự án 즈 안	프로젝트
dự báo 즈 바오	(날씨)예보하다.
dự đoán 즈 도안	예측하다.
dự kiến 즈 끼엔	예상
dự thi 즈 티	시험을 치르다.
dưa 즈어	(호)박
dưa chuột 즈어 쭈옷	오이
dưa hấu 즈어 허우	수박
dưa lê 즈어 레	메론
dừa 즈어	코코넛
dứa 즈어	파인애플
dựa 즈어	의지하다.
dựa vào 즈어 바오	근거하다.
dừng 증	멈추다.
dựng nước 증 느억	건국하다.
dược sĩ 즈억 씨	약사
dưới 즈어이	아래, 이하
dưới nhà 즈어이 냐	아래층
dương 즈엉	태양, 양(음양)
dương lịch 즈엉 릭	양력
dường như 즈엉 느	~처럼 보이다.

dưỡng sinh 즈엉 씨잉	양생하다.	đã là 다 라	~처럼
dứt khoát 즛 콱	분명히	đã qua 다 꽈	지나간
đa 다	많이	đã từng 다 뜽	한 적이 있다.
đa khoa 다 콰	종합 진료(소)	đã tưởng rằng 다 뜨엉 장	인줄 알다.
đa số 다 쏘	다수의	đá 다	얼음, (발로)차다.
đà 다	원동력	đá bóng 다 봉	축구 경기를 하다.
đà điểu 다 디에우	타조	đài 다이	라디오, 방송국
Đà Lạt 다 랏	다랏(도시명)	đài truyền hình 다이 쭈엔 히잉	방송국
đã 다	~을 했다.(과거시제)	đãi 다이	한턱을 내다.
đã được 다 드억	됐다.	đại 다이	대단한
Đà Nẵng 다 낭	다낭(베트남의 도시명)		
Đã ăn cơm chưa? 다 안 껌 쯔어	밥 먹었어?		

đại biểu 다이 비에우	대표자	đàm thoại 담 토와이	담화
đại diện 다이 지엔	대표(회사)	đảm bảo 담 바오	보장하다.
đại học 다이 혹	대학	đảm đang 담 당	담당하다.
đại hội 다이 호이	대회	đảm nhận 담 년	담당하다.
đại lý 다이 리	대리점	đảm nhiệm 담 니엠	담임하다.
đại nghĩa 다이 응이아	대의(원대한 뜻)	đám cưới 담 끄어이	결혼하다.
đại số 다이 쏘	대수학	đám đông 담 동	관중
đại sứ 다이 쓰	대사	đám rước 담 즈억	행렬
đại sứ quán 다이 쓰 꽌	대사관	đàn 단	떼(무리)
đại tá 다이 따	대령	đàn bà 단 바	여성
đại thể 다이 테	대체로	đàn ông 단 옹	남성
đại từ 다이 뜨	대명사	đạn 단	총탄

đang 당	~하고 있는 중이다.	đáng thương 당 트엉	불쌍한
đang có 당 꼬	가지고 있다.	đáng tiếc 당 띠엑	애석하다.
Đang mưa à? 당 므어 아	지금 비와?	đáng yêu 당 이에우	귀여운
đang ở ngoài 당 어 응와이	외출중이다.	đánh bạc 다잉 박	노름하다.
đáng 당	할 가치가 있는	đánh bài 다잉 바이	카드를 치다.
đáng đời 당 더이	마땅한	đánh cờ 다잉 꺼	장기를 두다.
đáng ghét 당 갯	밉다. 얄밉다.	đánh đàn 다잉 단	악기를 치다.
đáng kể 당 께	주목 할 만하다.	Đánh đi. 다잉 디	때려.
đáng sợ 당 써	무섭다.	đánh giá 다잉 쟈	평가하다.

đã được hoàn thành 다 드억 호안 타잉	완벽해졌다.
Đã khóa cửa chưa? 다 콰 끄어 쯔어	문을 잠갔어?
Đã pha trà chưa? 다 파 짜 쯔어	차(음료) 준비됐어?

베트남어	한국어	베트남어	한국어
đánh giặc 다잉 작	침략을 막다.	đạo diễn 다오 지엔	원장, (영화)감독
đánh máy 다잉 마이	타이핑하다.	đạo đức 다오 득	도덕
đánh mất 다잉 멋	두고 잊어버리다.	đạo lý 다오 리	도의
Đánh mất à? 다잉 멋 아	잃어 버렸어?	đáp 답	답변하다.
đánh nhau 다잉 냐우	서로 싸우다.	đáp lại 답 라이	대답하다.
đánh rắm 다잉 잠	방귀뀌다.	đáp lễ 답 레	답례하다.
đánh răng 다잉 장	이 닦다.	đáp ứng 답 응	만족하다.
đánh thức 다잉 특	(잠에서)깨우다.	đạp 답	밟다.
đào tạo 다오 따오	양성하다.	đạt 닷	목적을 달성하다.
đảo 다오	(거꾸로)뒤집다.	đạt đến 닷 덴	도달하다.
đài phát thanh 다이 팟 타잉			라디오 방송국
đại từ nhân xưng 다이 뜨 년 쏭			인칭 대명사

đạt được 닷 드억	달성하다.	đau mắt 다우 맛	눈이 아프다.
đạt mức 닷 믁	등급에 도달하다.	đau mũi 다우 무이	코가 헐다.
đạt tới 닷 떠이	달성하다.	đau nhức 다우 늑	통증
đau 다우	아프다.	Đau quá! 다우 꽈	아파
đau âm ỉ 다우 엄 이	은근히 아프다.	đau thương 다우 트엉	슬픔
đau dạ dày 다우 자 자이	복통	đau xương 다우 쓰엉	관절염
đau đầu 다우 더우	두통이 있는	đặc biệt 닥 비엣	특별한
đau khổ 다우 코	고통을 겪다.	đặc điểm 닥 디엠	독특한
đau lòng 다우 롱	마음이 아픈	đặc sản 닥 싼	특산품

đam mê (열정적으로)빠지다.
담 메

đảm đương 맡아서 해나가다.
담 드엉

đàn bầu 단버우(1줄로된 현악기)
단 버우

đặc sắc (닥 싹)	특별한
đặc tính (닥 띵)	특수성
đặc trưng (닥 쯩)	특징
đắm (담)	가라앉다.
đăng (당)	(집어) 넣다.
đăng nhập (당 녑)	로그인(전산)
đằng (당)	~쪽, 길, 방향
đằng trước (당 쯔억)	앞쪽에
đẳng lập (당 럽)	대등한 관계
đắng (당)	(맛)쓰다.
đang học cao học (당 혹 까오 혹)	대학원에서 공부중인
đáng lẽ (당 래)	당연히 ~해야 한다.
đắp (답)	덮다.(담요)
đắp mặt (답 맛)	(피부에)팩을 하다.
đắt (닷)	값이 비싼
Đắt quá! (닷 꽈)	비싸요.
đắt tiền (닷 띠엔)	(값이) 비싼
đặt (닷)	걸다.
đặt câu (닷 꺼우)	작문하다.
đặt chân (닷 쩐)	땅을 밟다.
đặt cọc (닷 꼭)	보증하다.
đặt cơ sở (닷 꺼 써)	기반을 잡다.

đặt điều 닷 디에우	날조하다.	đâm 덤	(칼로)찌르다.
đặt hàng 닷 항	주문하다.	đâm nhau 덤 나우	서로 부딪히다.
đặt ra 닷 자	만들어 내다.	đậm 덤	(맛, 색)진한
đặt tên 닷 뗀	이름을 짓다.	đần độn 던 돈	머리가 나쁜
đặt tiền 닷 띠엔	돈을 걸다.	đất 덧	땅
đặt trước 닷 쯔억	예약하다.	đất đai 덧 다이	토지

Đáng nghi lắm.
당 응이 람   뭔가 수상해.

đành phải
다잉 파이   어쩔 수 없이 하다.

đành phải ngủ
다잉 파이 응우   어쩔 수 없이 자다.

đánh
다잉   때리다. (카드)하다. 연주하다.

đánh cá
다잉 까   물고기를 잡다. 내기를 하다.

đánh dấu
다잉 저우   표시하다. 성조표시를 하다.

đất liền 덧 리엔	대륙	đâu đó 더우 도	도처에
đất nước 덧 느억	나라	đầu 더우	머리, 처음
đâu 더우	어디, ~가 아니다.	đầu bài 더우 바이	제목
đâu có 더우 꼬	전혀 아니다.	đầu bếp 더우 벱	주방장
đâu đấy 더우 더이	어떤 장소	đầu làng 더우 랑	마을 입구

đánh mạnh vào
다잉 마잉 바오
　　　　　　　　　세게 때리다.

đào
다오
　　　　　　　　　매화, 복숭아, (땅을)파다.

đáp ứng được yêu cầu
답 응 드억 이에우 꺼우
　　　　　　　　　요구를 만족시키다.

đạt huy chương vàng
닷 휘 쯔엉 방
　　　　　　　　　금메달을 따다.

đạt kết quả tốt đẹp
닷 껫 꽈 똣 댑
　　　　　　　　　좋은 결과를 얻다.

đạt thành tích tốt
닷 타잉 띡 똣
　　　　　　　　　좋은 성적을 거두다.

đau bụng
다우 붕
　　　　　　　　　배가 아프다. 체한

đầu mối 더우 모이	원인	đấu 더우	싸우다.
đầu năm 더우 남	연초(때)	đấu loại 더우 라이	토너멘트 시합
đầu người 더우 응어이	인원수	đấu thầu 더우 터우	입찰하다.
đầu tay 더우 따이	시초에	đấu thủ 더우 투	상대선수
đầu tiên 더우 띠엔	처음의	đấu tranh 더우 짜잉	싸우다.(투쟁)
đầu tóc 더우 똑	머리털	đấu vật 더우 벗	씨름하다.
đầu tư 더우 뜨	투자하다.	đậu phụ 더우 푸	두부
đầu video 더우 비데오	비디오	đậu xanh 더우 싸잉	녹두콩
đau đớn 다우 던			심하게 통증을 느끼다.
Đau lòng quá. 다우 롱 꽈			마음이 아파.
đăng ký 당 끼			가입하다. 등록하다.
đăng ký khám 당 끼 캄			진료접수하다.

베트남어-한국어

đây 더이	이(것), 여기에	đậy 더이	(뚜껑)닫다.
đây này 더이 나이	여기에	đe dọa 대 좌	위협하다.
đầy 더이	가득 차다.	đẻ 대	아이를 낳다.
đầy đủ 더이 두	충분하다.	đem 댐	가져오다. 가져다주다.
đầy tớ 더이 떠	하인	đem lại 댐 라이	가져오다.
đẩy 더이	밀다.	đen 댄	검은(색), 불운의
đấy 더이	그(쪽)	đen đỏ 댄 도	검정과 빨강, 길흉
đấy mà 더이 마	정말 ~합니다.	đèn 댄	전등

đắp mặt bằng dưa chuột   오이로 팩을 하다.
답·맛 방 어 쭈옷

đậm đà   풍부한 맛, 친밀감이 있는
덤 다

đậu   (시험에)통과하다. 주차하다.
더우

đèn lập lòe   불이 깜박깜박하다.
댄 럽 로애

d

đèn đỏ 댄 도	정지등	đèo 대오	들고 가다. 계곡
đèn đom đóm 댄 돔 돔	반딧불	đẹp 댑	아름다운, 훌륭한
đèn giao thông 댄 쟈오 통	신호등	đẹp tuyệt 댑 뚜옛	너무 예쁜
đèn pin 댄 삔	손전등	đề án 데 안	프로젝트
đeo 대오	(반지, 안경)끼다.	đề bạt 데 밧	승진하다.
đeo đồng hồ 대오 동 호	시계를 차다.	đề cao 데 까오	높게 평가하다.
đeo găng tay 대오 강 따이	장갑을 끼다.	đề cử 데 끄	(직위를)지명하다.
đeo kính 대오 끼잉	안경을 쓰다.	đề nghị 데 응이	제안하다.
đeo nhẫn 대오 년	반지를 끼다.	đề phòng 데 퐁	예방하다.
đeo vòng 대오 봉	목걸이를 차다.	đề tài 데 따이	제목, 테마

đeo kính râm　　　　　　　　선글라스를 쓰다.
　대오 끼잉 점

đèo đến cơ quan　　　　　　회사에 바래다주다.
　대오 덴 꺼 꽌

đề thi 데 티	시험 문제
đề xuất 데 쑤엇	제출하다.
để 데	두다. ~하기 위해서
để chế 데 쩨	불매운동하다.
để cho 데 쪼	~하기 위해(목적)
Để làm gì? 데 람 지	뭐 하려고?
để làm việc 데 람 비엑	일 때문에
để mở 데 머	오프너
để ở đâu? 데 어 더우	어디 둬?
Để ở nhà. 덴 어 냐	집에 두었어.
đế 데	바닥(신발)
đệ nhất 데 녓	제일의
đêm 뎀	밤(때)
đêm khuya 뎀 퀴아	심야
đẹp lão 댑 라오	사랑스러운(어른에게)
đẹp như nhau 댑 느 나우	똑같이 예쁘다.
đẹp trai 댑 짜이	미남의, (여자에게)못생긴
Đẹp trai quá. 댑 짜이 꽈	(남자에게)잘생겼다.
đề 데	기입하다. 문제를 제기하다.

đêm qua 뎀 꽈	어젯밤	đến điều 덴 디에우	최대한 상세히
đếm 뎀	(숫자를)세다.	đến giờ 덴 져	시간이 되다.
đền 덴	절	đến khi 덴 키	~까지
đền bù 덴 부	변상하다.	đến muộn 덴 무온	늦게 도착하다.
đền chùa 덴 쭈어	절과 탑	đến nay 덴 나이	오늘까지
đến 덴	도착하다. ~까지	đến nhà chơi 덴 냐 쩌이	놀러오다.

để lại di chúc 유언으로 남기다. (제자리)놓다.
데 라이 지 쭉

để lại lời nhắn 메모를 남기다.
데 라이 러이 냔

đến giai đoạn khó 어려운 시기
덴 쟈이 돤 코

đến giờ đi làm 출근할 시간이 되다.
덴 져 디 람

Đến lượt ai? 누구 차례예요?
덴 르엇 아이

đến mức độ nào 어느 정도까지
덴 묵 도 나오

đến nỗi / 덴 노이	한도에 달하다.
đến nơi / 덴 너이	곧 ~이 다가오다.
đến trước / 덴 쯔억	먼저 도착하다.
đến tuổi / 덴 뚜어이	~한 나이가 되다.
đều / 데우	전부
đều giống nhau / 데우 죰 나우	모두 같다.
đi / 디	가다.
đi biệt / 디 비엣	영원히 떠나다.
đi bộ / 디 보	걸어가다.
đi bước nữa / 디 브억 느어	재혼하다.
đi chợ / 디 쩌	시장에 가다.
đi chơi / 디 쩌이	놀러 나가다.
đi công tác / 디 꽁 딱	출장가다.
đi dạo / 디 자오	산책하다.
đi đại tiện / 디 다이 띠엔	대변보다.
đi đâu / 디 더우	어디가다.
đến ngày lĩnh lương / 덴 응아이 리잉 르엉	월급날이 오다.
đến tháng / 덴 탕	(시기가)다가오다.
đến thăm nhà / 덴 탐 냐	집을 방문하다.
đến Việt Nam / 덴 비엣 남	베트남에 오다.

Vietnamese	Phát âm	Nghĩa
đi đến phá sản	디 덴 파 싼	파산하다.
Đi đi.	디 디	가.
đi giày	디 져이	신발을 신다.
đi học	디 혹	학교가다.
đi họp	디 홉	회의하러 가다.
đi kèm	디 깸	동반하다.
đi khám mắt	디 캄 맛	안과에 가다.
đi lại	디 라이	왕래하다. 왕복하다.
đi làm	디 람	일하러 가다.
đi lên	디 렌	오르다.
đi liều	디 리에우	위험하게 가다.
Đi ngay đi.	디 응아이 디	바로 가.
đi nghỉ mát	디 응이 맛	휴가를 가다.
đi ngoài	디 응와이	화장실에 가다.
đi ngủ	디 응우	잠자리에 들다.
đi ôtô	디 오또	자동차로 가다.
đi qua	디 꽈	가로질러 가다.
đi qua cầu	디 꽈 꺼우	다리를 건너다.
đi quá tốc độ	디 꽈 똑 도	과속하다.
đi ra	디 자	나오다.
đi sân bay	디 썬 바이	공항에 가다.
đi sâu	디 써우	깊이 연구하다.

Đi ăn cơm thôi.
디 안 껌 토이
밥이나 먹으러가자.

đi tàu 디 따우	배를 타다.	đi vắng 디 방	외출중이다.
đi tất 디 떳	양말을 신다.	đi vòng 디 봉	돌아서가다.
đi thăm 디 탐	방문하다.	đĩa 디아	접시, 디스크(전산)
đi thẳng 디 탕	직진하다.	đĩa trắng 디아 짱	공씨디
đi theo 디 태오	따라가다.	địa chỉ 디아 찌	주소
đi thi 디 티	시험보다.	địa đạo 디아 다오	지하땅굴
đi tiểu 디 띠에우	소변보다.	địa điểm 디아 디엠	지점
đi vắng 디 방	부재중인	địa hình 디아 히잉	지형
đi vào 디 바오	들어가다.	địa lý 디아 리	지리

đi bằng xe buýt 디 방 쌔 붯	버스를 타고 가다.
Đi cẩn thận nhé. 디 껀 턴 내	조심해서가.
đi chơi cùng nhau 디 쩌이 꿍 나우	같이 나가 놀다.

địa phương 디아 프엉	지방	điền từ 디엔 뜨	단어 넣기
địa vị 디아 비	(사회적인) 지위	điền vào 디엔 바오	채우다.
đích 딕	목표	điện 디엔	전기, 궁전
điếc 디엑	귀머거리의	điện ảnh 디엔 아잉	영화
điềm đạm 디엠 담	(성격)조용한	điện giật 디엔 젓	감전당하다.
điểm hẹn 디엠 핸	만남의 장소	điện thoại 디엔 토와이	전화
điểm xuất phát 디엠 쑤엇 팟	출발점	điện thoại di động 디엔 토와이 지 동	핸드폰
điếm 디엠	매춘부	điện thoại viên 디엔 토와이 비엔	전화교환수
điên 디엔	미친	điện tín 디엔 띤	전보
điền 디엔	밭, 논	điện tử 디엔 뜨	전자(전기)
điền kinh 디엔 끼잉	운동경기	điều 디에우	사실, 조약
đi đâu cùng 디 더우 꿍			어디를 가든지

베트남어	한국어
điều chỉnh 디에우 찡	조정하다.
điều đó 디에우 도	그 사실은 ~ 이다.
điều độ 디에우 도	절도 있는
điều hòa 디에우 화	조절하다.
điều khiển 디에우 키엔	지휘하다.
điều-khiển từ xa 디에우 키엔 뜨 싸	리모컨
điều khoản 디에우 콴	조항
điều kiện 디에우 끼엔	조건
điều tra 디에우 짜	조사하다.
điều trị 디에우 찌	치료하다.
điếu thuốc 디에우 투억	궐련(담배)
điệu 디에우	태도
điệu ca 디에우 까	멜로디
điệu múa 디에우 무어	댄스
đinh 딩	못(도구)
đình 딩	정지하다.
đình chỉ 딩 찌	정지하다.
đỉnh 딩	정상
đỉnh cao 딩 까오	절정
đỉnh núi 딩 누이	산 정상
định cư 딕 끄	정착하다.
định dạng 딕 장	포맷하다.(전산)
đi đúng đường 디 둥 드엉	맞는 길로 가다.

định đi 딕 디	가려고 하다.	đó 도	저것. 그것
định giá 딕 쟈	정찰가격	đoàn 도안	단체
định kỳ 딕 끼	주기적인	đoàn du lịch 도안 주 릭	단체 여행객
định nghĩa 딕 응이아	정의하다.	đoàn đại biểu 도안 다이 비에우	대표단
định ngữ 딕 응으	보어	đoàn kết 도안 껫	단결하다.
định nhờ 딕 녀	부탁하려하다.	đoàn khách 도안 카익	단체손님
đo 도	(치수를)재다.	đoàn ngoại giao 도안 응와이 쟈오	외교단
đò 도	나룻배, 여객	đoàn phí 도안 피	회비
đỏ 도	빨강색	đoàn thanh niên 도안 타잉 니엔	청년단
đỏ mặt 도 맛	얼굴을 붉히다.	đoán 도안	추측하다.
đi học muộn 디 혹 무온			학교에 지각하다.
đi làm thêm 디 람 템			아르바이트가다.

베트남어	한국어
đoạn 돤	부분, (문장의 부분)구
đoạn đường 돤 드엉	길
đoạn văn 돤 반	구절(문장)
đoảng 도앙	무미하거나 담백한
đoạt 돧	(메달을)따다. 빼앗다.
đoạt giải 돧 자이	상을 타다.
đoạt vị 돧 비	왕위를 빼앗다.
đọc 독	읽다.
đọc báo 독 바오	신문을 보다.
đọc qua 독 꽈	쭉 보다.
đòi 도이	요구하다.
đòi hỏi 도이 호이	(부당하게)요구하다.
đói 도이	배고프다.
Đói quá. 도이 꽈	배고파.

đi ngay về nhà
디 응아이 베 냐
　　　　　　　　곧장 집에 가다.

Đi nhé.
디 내
　　　　　　　　간다. 어~ 가.(헤어질 때)

đi thẳng về nhà
디 탕 베 냐
　　　　　　　　집으로 곧장 가다.

đĩa phim phụ đề tiếng Việt.
디아 핌 푸 데 띠응 비엣

베트남어 자막 있는 시디

Đói rồi. 도이 조이	배고파.	đồ 도	물건
đón 돈	마중 나가다.	đồ ăn 도 안	요리
đón chào 돈 짜오	환영하다.	đồ chơi 도 쩌이	장난감
đóng 동	봉하다. (문)닫다.	đồ dùng 도 중	용품
đóng băng 동 방	얼다.	đồ đạc 도 닥	가구
đóng cửa 동 꺼어	문을 닫다.	đồ điện tử 도 디엔 뜨	전자제품
đóng góp 동 곱	기여하다.	đồ đồng nát 도 동 낫	전단지
đóng phim 동 핌	(영화)연기하다.	đồ gốm 도 곰	도자기류
đô 도	도시	đồ sộ 도 쏘	거대하다
đô la 도 라	달러	đồ trang sức 도 짱 쓱	장식품
đô thị 도 티	도시	đồ uống 도 우엉	마실 것
điểm 디엠		불을 붙이다. 기록하다. 점수	

đồ vật 도 벗	사물	đổ lỗi 도 로이	비난하다.
đổ 도	쏟다.	đổ mưa 도 므어	비가 퍼붓다.
đổ bộ 도 보	상륙하다.	đổ vào 도 바오	(액체)붓다.

Điện Biên Phủ 디엔 비엔 푸(도시명)
디엔 비엔 푸

điện thoại quốc tế 국제전화
디엔 토와이 꿕 떼

định 결정하다. ~할 작정이다.
딕

định nói gì 무엇을 말하려 하다.
딕 노이 지

đoạt chức vô địch 우승을 거머쥐다.
돳 쯕 보 딕

đoạt quyền 권리를 박탈하다.
돳 꾸엔

Đói muốn chết. 배고파 죽겠다.
도이 무온 쩻

đón tiếp 환영하다. 접대하다.
돈 띠엡

đóng khố 허리에 옛의상(khố)을 걸치다.
동 코

đổ vỡ 도 버	산산조각 내다.	độc lập 독 럽	독립하다.
đỗ 도	주차하다.	độc quyền 독 꾸엔	독점
độ / 40 độ 도 / 본 무어이 도	도 / 40도	độc thân 독 턴	독신
độ ẩm 도 엄	습도	đôi khi 도이 키	가끔
độ cao 도 까오	고도	đôi lúc 도이 룩	가끔
độ dài 도 자이	길이	đôi mắt 도이 맛	눈(신체)
độc đáo 독 다오	독창적	đồi 도이	언덕
độc giả 독 자	독자(구독)	đổi 도이	바꾸다.

đóng thuế — 납세하다. 요금을 내다.
동 투에

đóng vai — (영화 등에서)연기하다.
동 바이

đồ dùng hàng ngày — 일상용품
도 중 항 아이

đôi / 1 đôi giầy thể thao — 켤레 / 운동화 1 켤레
도이 / 못 도이 져이 테 타오

đổi chác 도이 짝	교환하다.	đối tượng 도이 뜨엉	객체(전산)
đổi mới 도이 머이	개혁하다.	đối với 도이 버이	~에 대한
đổi tiền 도이 띠엔	환전하다.	đối xử 도이 쓰	대처하다
đối 도이	대처하다. 반대의	đội 도이	(축구등의)팀
đối chiếu 도이 찌에우	대처하다.	đội bóng đá 도이 봉 다	축구팀
đối diện 도이 지엔	맞은편	đội / hai đội 도이 / 하이 도이	팀 / 두 팀
đối lập 도이 럽	반대의	đội mũ 도이 무	모자를 쓰다.
đối tác 도이 딱	동반자	đội ngũ 도이 응우	라인업
đối thoại 도이 토와이	대화	đội quân 도이 꿘	군대

đôi / 1 đôi hoàn hảo   쌍 / 완벽한 한 쌍
도이 / 못 도이 호안 하오

đổi món khác   다른 음식으로 바꾸다.
도이 몬 칵

đổi tiền lẻ   작은 돈으로 바꾸다.
도이 띠엔 래

đội trưởng 도이 쯔엉	주장(축구)	Đông Hà 동 하	동하(도시명)
đội tuyển 도이 뚜엔	대표팀	đông nam 동 남	동남
đội vô địch 도이 보 딕	우승팀	đông nam á 동 남 아	동남아
đồn 돈	초소, 소문	đồng 동	동(베트남 화폐단위)
đông âu 동 어우	동유럽	đồng bào 동 바오	동포
đông bắc 동 박	동북	đồng bằng 동 방	평야
đông dân 동 전	인구밀도가 높은	đồng chí 동 찌	동지
đông đảo 동 다오	다수의	đồng hồ 동 호	시계
đông đủ 동 두	많은	đồng hồ đeo tay 동 호 대오 따이	손목시계

Đổi tiền lẻ cho tôi.
도이 띠엔 래 조 또이

잔돈으로 바꿔주세요.

Đổi tiền ở đâu?
도이 띠엔 어 더우

환전어디에서 해?

đội mũ bảo hiểm
도이 무 바오 히엠

헬멧을 쓰다.

132

Đồng Hới (동 허이)	동허이(도시명)
Đồng Lộc (동 록)	동록(도시명)
đồng nghiệp (동 응이엡)	동료
đồng nhất (동 녓)	일치하는
đồng ruộng (동 주옹)	농지
đồng thời (동 터이)	동시에
đồng tiền (동 띠엔)	동전, 보조개
đồng tính (동 띠잉)	동성애
đồng ý (동 이)	동의하다.
đống (동)	더미
động (동)	움직이다. 동적인
động cơ (동 꺼)	모터
động đất (동 덧)	지진
động đậy (동 더이)	움직이다.
động tác (동 딱)	동작
động từ (동 뜨)	동사(문법)
động vật (동 벗)	동물
động viên (동 비엔)	동원하다.
đốt (돗)	물다.(곤충)
đột ngột (돗 응옷)	돌연히
đột nhiên (돗 니엔)	갑자기
đỡ (더)	(병 등이)나아지다.

Đội nào thắng? (도이 나오 탕) — 어느 팀이 이겼어?

đỡ rồi 더 조이	(병이)낫다.	đợt 덧	층, 파도
đời 더이	삶	đu bay 두 바이	그네
đời sống 더이 쏭	인생	đu đủ 두 두	파파야
đợi 더이	기다리다.	đủ 두	충분한
đơn 던	혼자의, 신청서	đủ thứ 두 트	모든 것
đờm 덤	가래 (분비물)	đua 두어	경쟁하다.
đơn điệu 던 디에우	단조로운	đua thuyền 두어 투엔	보트경기
Đơn điệu quá 던 디에우 꽈	지루해요.	đùa 두어	농담하다.
đơn giản 던 잔	간단한	Đùa thôi. 두어 토이	농담이야.
đơn thuốc 던 투억	처방전	đũa 두어	젓가락
đơn vị 던 비	단위	đục 둑	끌(도구)
đơn xin 던 씬	신청서	đun 둔	삶다.

đúng 둥	옳다.	đuổi việc 두오이 비엑	해고
đúng đắn 둥 단	올바른	đuối 두오이	뒤떨어지다.
đúng giá 둥 자	정가	đưa 드어	주다. (차로)데려다주다.
đúng giờ 둥 져	정시에	đưa ra 드어 자	제출하다.
đúng hẹn 둥 핸	약속대로	đưa tay 드어 따이	손을 들다.
đúng lúc 둥 룩	적당한 시기에	đưa tiền 드어 띠엔	전송하다.
đúng mức 둥 믁	적절한	đưa vào 드어 바오	삽입하다.
Đúng rồi. 둥 조이	맞아요.	đứa 드어	놈
đuôi 두오이	꼬리	đứa bé 드어 배	소년
đuổi 두오이	쫓다.	đứa trẻ 드어 째	어린이

đông
동

동(방향), 얼다. 붐비다.

đông người
동 응어이

인파를 이루다.

đứa trẻ mồ côi 드어 째 모 꼬이	고아	Đừng làm thế. 등 람 테	그러지마.
đức 득	덕	Đừng lo. 등 로	걱정하지 마.
Đức 득	독일	Đừng quên. 등 꾸엔	잊지 마.
đừng 등	~하지 말라.	Đừng tin. 등 띤	믿지 마.
Đừng từ bỏ. 등 뜨 보	포기하지 마.	đứng 등	일어서다.
Đừng đánh rơi. 등 다잉 저이	흘리지 마.	đứng dậy 등 저이	일어서다.
Đừng khóc. 등 꼭	울지 마.	đứng đầu 등 더우	선두에 선

Đông như kiến!
동 느 끼엔   사람들이 바글바글하네.

đồng hồ treo tường   벽시계
동 호 째오 뜨엉

Đồng Xoài   동 쏘아이(도시명)
동 쏘아이

đột xuất   (갑자기)튀어나오다.
돗 쑤엇

đỡ buồn hơn   덜 심심하게 하다.
더 부온 헌

đứng lại 등 라이	서다.	đựng 득	~로 싸있는
Đứng lên. 등 렌	일어나.	được thể 드억 테	이익을 추구하다.
đứng ra 등 자	나서다.	được việc 드억 비엑	유능한
đứng thứ 등 트	~위(수상)	đương 드엉	~하는 중이다.

Đợi một chút.
더이 못 쭛

잠깐만 기다려.

đúng / đúng 12 giờ.
둥 / 둥 므어이 하이 져

정각 / 정각 12시

Đúng giờ thật.
둥 져 텃

완벽한 타이밍이네.

Đúng là ngốc mà.
둥 라 응옥 마

진짜 바보 같네.

Đừng buồn đấy.
등 부온 더이

슬퍼하지 마.

Đừng cho tôi mì chính.
등 조 또이 미 찌잉

미원 넣지 마.

Đừng hút thuốc lá.
등 훗 투억 라

담배피우지 마.

Đừng lừa tôi.
등 르어 또이

속이려하지 마.

đương đầu 드엉 더우	대항하다.	đường hầm 드엉 험	터널
đương kim 드엉 낌	지금	đường kính 드엉 끼잉	직경
đường 드엉	길, 설탕	đường lớn 드엉 런	큰길
đường biển 드엉 비엔	해로	đường nhỏ 드엉 뇨	작은 길
đường bộ 드엉 보	육로	đường phố 드엉 포	거리(도로)
đường cao tốc 드엉 까오 똑	고속도로	đường sá 드엉 싸	길
đường dốc 드엉 족	비탈길	đường sắt 드엉 쌋	기찻길
đường đi 드엉 디	길	đường tắt 드엉 땃	지름길
đường hàng không 드엉 항 콩	항로	đường tròn 드엉 쫀	둘레(원주)

Đừng quan tâm. 신경 쓰지 마.
등 꽌 떰

Đừng thức khuya. 밤 새지마.
등 특 퀴아

Đừng tiễn nữa. 배웅 나오지 마세요.
등 띠엔 느어

đường xe lửa 드엉 쌔 르어	철도
được 드억	되다. (수동태)하게 되다.
Được ạ 드억 아	네, 그렇게 해주세요.

e g

베트남어-한국어 단어장

em 앰	동생, (부부사이)부인
em ruột 앰 주옷	친동생
em bé 앰 배	아기
em trai 앰 짜이	남동생
Em đang làm gì? 앰 당 람 지	뭐해?
en 앤	서로 밀치다.
Em đến đây. 앰 덴 더이	이리와 봐.
ép 앱	압력을 넣다. 강제하다.
em gái 앰 가이	여동생
ếch 에익	개구리

e rằng
애 장
(~가 아닐까 하고) 걱정하다.

Em bao nhiêu tuổi?
앰 바오 니에우 뚜어이
몇 살이야?

Em yêu anh.
앰 이에우 아잉
(남자에게)사랑해요.

g

ga 갸	역
ga xe lửa 갸 쌔 르어	기차역
ga tàu 갸 따우	기차역
gà 갸	닭

gà mái 갸 마이	암탉	gánh 가잉	메다. 의무
gà trống 갸 쫑	수탉	gạo 갸오	쌀
gác 각	계단	gạo nếp 갸오 넵	찹쌀
gác xép 각 쌥	다락방	gạt tàn 갓 딴	재떨이
gạch 갸익	벽돌, 선을 긋다.	gàu 가우	비듬
gạch dưới 갸익 즈어이	밑줄 긋다.	gay gắt 가이 갓	격렬한
gai 가이	가시	gãy 가이	꺾다.
gái 가이	여성의 총칭	gắn 간	고정시키다.
gam 감	그램(무게단위)	gắn bó 간 보	친밀하다.

gà trống nuôi con
갸 쫑 누오이 꼰   홀아비가 아이를 키우다.

gạch một đường
갸익 못 드엉   선을 긋다.

gặp phải khó khăn
갑 파이 코 칸   어려움에 직면하다.

베트남어	한국어	베트남어	한국어
gắn liền 간 리엔	서로 밀착된	gần kề 건 께	근접한
gặp 갑	만나다.	gần nhà 건 냐	집에서 가까운
gặp gỡ 갑 거	만나다.	gần như 건 느	거의
gặp may 갑 마이	행복해지다.	gấp 겁	(책)덮다.
gắt 갓	강한	gấp đôi 겁 도이	두 배의
gặt hái 갓 하이	수확하다.	gật đầu 것 더우	끄덕이다.
gầm 검	포효하다.	gấu 거우	곰
gần 건	가까운	gây 거이	~을 야기하다.
gần đây 건 더이	근처에, 최근	gây giống 거이 죵	새끼를 낳다.
gần đến 건 덴	가까워진	gây ra 거이 자	야기하다.
gần gũi 건 구이	친근한	gây tê 거이 떼	마취하다.
gần đất xa trời 건 덧 싸 쩌이	죽음의 문에 이르다.		

gầy 거이	마르다.	ghế 게	의자
gầy đi 거이 디	(체중)말라지다.	ghi 기	적다.(기록)
gẫy 거이	부러지다.	ghi âm 기 엄	녹음하다.
ghé 개	잠시 들리다.	ghi bàn 기 반	골을 득점하다.
ghé qua 개 꽈	들르다.	ghi chú 기 쭈	기록하다.
ghen 갠	질투하다.	ghi đĩa cd 기 디아 씨디	CD를 굽다
ghép 갭	연결하다.	ghi nhớ 기 녀	기록하여 새겨두다.
ghép ảnh 갭 아잉	(사진)합성하다.	ghi-ta 기 따	기타(악기)
ghét 갯	싫어하다.	ghi tên 기 뗀	이름을 적다.
ghê gớm 게 검	소름끼치는	ghi vào 기 바오	기입하다.

gây tai nạn giao thông 교통사고를 내다.
거이 따이 난 쟈오 통

ghế hạng nhì 이코노미 클래스
게 항 니

베트남어	한국어
ghim 김	클립
gì 지	무엇
gì nữa 지 느어	그 밖에 무엇이
Gì nữa nhỉ? 지 느어 니	뭐더라?
gia 쟈	증대시키다. 보태다.
gia cảnh 쟈 까잉	가정환경
gia chủ 쟈 쭈	가장(지위)
gia đình 쟈 딩	가정
gia hạn 쟈 한	기한을 늘리다.
gia nhập 쟈 녑	가입하다.
gia súc 쟈 쑥	가축
gia tăng 쟈 땅	증가하다.
gia vị 쟈 비	양념
già 쟈	늙은
già nửa 쟈 느어	과반의
Già rồi. 쟈 조이	늙었어.
già yếu 쟈 이에우	노쇠한
giả 쟈	인공의, 가짜의
gia cầm 쟈 껌	가금, 집에서 기르는 가축
gia hạn tạm trú 쟈 한 땀 쭈	거주연장기간
gia hạn visa 쟈 한 비싸	비자를 연장하다.

giả bộ 쟈 보	인척 가장하다.	giá cơ bản 쟈 꺼 반	기본요금
giả dụ 쟈 주	~라고 가정하다.	giá đắt 쟈 닷	값이 비싸다.
giả mạo 쟈 마오	위조하다.	giá hữu nghị 쟈 휴 응이	우대가격
giả thiết 쟈 티엣	만약에	giá mà 쟈 마	만약에
giả vờ 쟈 버	~인체하다.	giá như 쟈 느	만약
già 쟈	찧다.	giá phải chăng 쟈 파이 짱	적정가격
giá 쟈	가격, 숙주	giá sách 쟈 싸익	책꽂이
giá cả 쟈 까	물가, 가격	giá thành 쟈 타잉	단가
giá cao 쟈 까오	높은 가격	giá tồn kho 쟈 똔 코	실제가격
giá chuẩn 쟈 쭈언	기준가격	giá trị 쟈 찌	가치
Gia Nghĩa 쟈 응이아			쟈 응이아(도시명)
giá cả tăng lên 쟈 까 땅 렌			물가가 오르다.

giá vào cửa 쟈 바오 끄어	입장료	giải tán 쟈이 딴	해산하다.
giai cấp 쟈이 껍	등급, 계급	giải thưởng 쟈이 트엉	상(우승)
giai đoạn 쟈이 돤	단계	giải trí 쟈이 찌	오락(물)
giải 쟈이	상	giảm 쟘	줄이다.
giải đáp 쟈이 답	대답하다.	giảm bớt 쟘 벗	줄이다.
giải khát 쟈이 캇	갈증을 풀다.	giảm giá 쟘 쟈	할인
giải pháp 쟈이 팝	해법, 방법	giảm nhẹ 쟘 내	경감하다.
giải phóng 쟈이 퐁	해방하다.	giảm thiểu 쟘 티에우	감소되다.
giải quyết 쟈이 꾸엣	해결하다.	giảm tốc 쟘 똑	속도를 줄이다.

giá khoán
쟈 콴
(양도할 수 있는)유가 증권

giải nobel văn chương
쟈이 노벨 반 쯔엉
노벨문학상

Giảm giá cho tôi.
쟘 쟈 조 또이
깎아주세요.

giám đốc 쟘 독	사장	giảng dạy 쟝 자이	강의하다.
giám sát 쟘 쌋	관리하다.	giảng viên 쟝 비엔	강사
gian 쟌	부정직한	giáng sinh 쟝 씽	성탄절
gian hàng 쟌 항	상점	giành 쟈잉	쟁취하다. 찾다.
gian khổ 쟌 코	고난, 고초	giành giật 쟈잉 젓	빼앗아 차지하다.
gian nan 쟌 난	어려운	giành giựt 쟈잉 지엇	쟁취하다.
giản dị 쟌 지	간단한	giao 쟈오	건네다.
gián điệp 쟌 디엡	스파이	giao ban 쟈오 반	(업무)인계하다.
gián tiếp 쟌 띠엡	간접적으로	giao hợp 쟈오 헙	성교하다.
giang 쟝	강	giao lưu 쟈오 류	교류
giảng 쟝	(상세히)설명하다.	giao thông 쟈오 통	교통

giảm tiền xuống 값이 내리다.
쟘 띠엔 쑤엉

베트남어-한국어

giao tiếp 쟈오 띠엡	교제하다.
giáo 쟈오	작살
giáo dục 쟈오 죽	교육
giáo sư 쟈오 쓰	교수(사람)
giáo trình 쟈오 찌잉	교과서
giáo viên 쟈오 비엔	교사
giáp 잡	갑옷 십간의 갑
giàu 져우	부유한
giàu có 져우 꼬	부유하다.
giày 져이	구두
giày da 져이 자	구두(가죽)
giày dép 져이 잽	신발
giày thể thao 져이 테 타오	운동화
giặc 작	도적, 침략자
giặt 쟛	씻다. 세탁하다.
giặt giũ 쟛 주	세탁하다.
giặt quần áo 쟛 꿘 아오	옷을 빨다.
giấm 점	식초

giành huy chương 쟈잉 휘 쯔엉	메달을 따다.
giao duyên 쟈오 쥬엔	남녀사이에 정감을 나누다.
giao thông công cộng 쟈오 통 꽁 꽁	대중교통

giận 전	화가 나는	giây phút 져이 풋	~하는 순간
giận dỗi 젼 조이	화내다.	giấy 져이	종이
giận dữ 젼 즈	분개하다.	giấy ăn 져이 안	티슈
giật 젓	채가다.	giấy đăng ký 져이 당 끼	등록증
giật dây 젓 져이	부추기다.	giấy in 져이 인	인화지
giật mình 젓 밍	깜짝 놀라다.	giấy khai sinh 져이 카이 씨잉	출생증명서
giấu 져우	숨기다.	giấy màu 져이 머우	색종이
giây 져이	초(시간)	giấy mỏng 져이 몽	얇은 종이

giàu kinh nghiệm 져우 끼잉 응이엠	경험 많다.
giấy dó 져이 조	질기고 부드러운 종이
giấy khám bệnh 져이 캄 버익	건강증명서
giấy kiểm dịch 져이 끼엠 직	예방 접종서

베트남어-한국어

giấy mời 져이 머이	초대장	giết người 지엣 응어이	살인, 스릴러
giấy phép 져이 팹	허가서	giờ 죠	가축 정강이
giấy photocopy 져이 포또까피	프린트지	gió 죠	바람(기후)
giấy tận dụng 져이 떤 중	이면지	gió mùa 죠 무어	계절풍
giấy tờ 져이 떠	서류	gió thổi 죠 토이	바람이 불다.
giấy vệ sinh 져이 베 씨잉	(두루마리)휴지	giỏi 죠이	잘하는
giẻ lau nhà 지애 라우 냐	걸레	Giỏi lắm. 죠이 람	잘하네.
giếng 지응	우물	gióng 지엉	북을 치다.
giết 지엣	살인하다.	giọng 지엉	목소리
giết hết 지엣 헷	모두 죽이다.	giọng hát 지엉 핫	음색

Gió mát quá.
죠 맛 꽈

바람이 시원하네.

gió mùa đông bắc
죠 무어 동 박

동북계절풍

giọng khàn 지엉 칸	목이 쉬다.	giờ ăn trưa 져 안 쯔어	점심시간
giọt 죳	내리치다.	giờ cao điểm 져 까오 디엠	러시아워
giỗ 죠	제삿날	giờ đây 져 더이	요사이
giỗ chạp 죠 짭	제삿날	giờ đi làm 져 디 람	출근시간
giông 죵	불행한, 운이 다한	giờ lên máy bay 져 렌 마이 바이	탑승시간
giông tố 죵 또	폭풍우	giờ tan tầm 져 딴 떰	퇴근시간
giống 죵	닮은	giở 져	열다.
giống nhau 죵 나우	똑같다.	giời 져이	날씨
giống như 죵 느	~같다.	giới 져이	세대, ~계(정치계 등)
giơ tay 져 따이	손을 올리다.	giới hạn 져이 한	경계(한계)
giờ 져	시(시간)	giới thiệu 져이 티에우	소개하다.

gió thổi rất mạnh   바람이 세게 불다.
죠 토이 젓 마잉

154

베트남어	한국어
giới trẻ / 져이 째	젊은 세대
giới từ / 져이 뜨	전치사
giũ / 주	흔들다.
giũa / 주어	줄로 썰다.
giục / 죽	재촉하다.
giục giã / 죽 쟈	재촉하다.
giùm / 쥼	~를 위해서, 도와서
giúp / 줍	돕다.
giúp đỡ / 줍 더	돕다.
giúp việc / 줍 비역	돕다. 협력하다.
giữ / 즈	유지하다.
giữ cẩn thận / 즈 껀 턴	잘 보관하다.
giữ gìn / 즈 진	유지하다.
giữ lại / 즈 라이	갖다. 보관하다.
giữ lễ / 즈 레	에티켓을 지키다.
giữ lịch sự / 즈 릭 쓰	예의를 지키다.
giữ lời hứa / 즈 러이 흐어	약속을 지키다.
giữ nguyên / 즈 응우엔	보전하다.
giữ tỉ số / 즈 띠 쏘	점수를 유지하다.
giữa / 즈어	가운데, 사이에

Giống mẹ quá.
종 매 꽈
엄마를 닮았네요.

giữ gìn sức khỏe
즈 진 쓱 쾌
건강을 유지하다.

giường 즈엉	침대	gọi nhầm 고이 념	잘못 걸다.
gõ cửa 고 끄어	노크하다.	gọn 곤	정돈된
góa 과	과부	góp 곱	수집하다.
góc 곡	모퉁이	góp phần 곱 펀	공헌하다.
gói 고이	(커버)싸다. 포장하다.	góp tiền 곱 띠엔	돈을 모으다.
gọi 고이	부르다.	góp ý 곱 이	의견(을 내다.)
gọi điện thoại 고이 디엔 토와이	전화를 걸다.	gót 곳	뒤꿈치
gọi là 고이 라	말하자면	gọt 곳	(사과처럼)벗기다.
gọi lại 고이 라이	다시 전화하다.	gỗ 고	목재

Gói vào cho tôi.
고이 바오 조 또이
포장해주세요.

gọi bằng điện thoại
고이 방 디엔 토와이
전화로 주문하다.

gọi lại sau
고이 라이 싸우
나중에 다시 전화하다.

gốc 곡	기원, 선조
gốc gác 곡 각	기원, 원천
gội đầu 고이 더우	머리를 감다.
gồm 곰	포함하다.
gốm 곰	도기
gỡ 거	풀다. 해방하다.
gợi 거이	깨우다.
gợi ý 거이 이	제안하다.
gớm 검	메스꺼운
gửi 그이	맡기다. 보내다.
gửi hành lý 그이 하잉 리	짐을 보내다.
gửi lời 그이 러이	메시지를 보내다.
gửi thư 그이 트	편지를 보내다.
gửi thư máy bay 그이 트 마이 바이	항공우편
gọi món ăn 고이 몬 안	음식을 주문하다.
gọt vỏ 곳 보	(사과 등)껍질을 깎다.
gồm cả 곰 까	모든 것을 포함하다.
gửi e-mail 그이 이메일	이메일을 보내다.
gửi tin nhắn 그이 띤 난	문자를 보내다.

gửi tiền 그이 띠엔	돈을 송금하다.	gươm 그엄	검(무기)
gừng 긍	생강	gương 그엉	거울

Gửi tin nhắn cho tôi.   문자 보내줘.
그이 띤 냔 조 또이

h

베트남어-한국어 단어장

Hà Đông 하 동	하 동(도시명)	hạ tầng cơ sở 하 떵 꺼 써	하부구조
Hà Giang 하 쟝	하 장(도시명)	hạc 학	학(새)
Hà Lan 하 란	네덜란드	hai 하이	2
Hà Nội 하 노이	하노이	hai chấm 하이 쩜	콜론(:)
Hà Tĩnh 하 띠잉	하 띠잉(도시명)	hai lăm 하이 am	25
hả 하	의문문을 만듦, 만족하다.	hai mươi 하이 므어이	20
há miệng 하 미응	입을 벌리다.	hài 하이	우스운
hạ 하	여름(=hè)	hài hòa 하이 화	조화를 이루다.
hạ cánh 하 까잉	착륙하다.	hài hước 하이 흐억	익살스러운
hạ giá 하 쟈	할인	hài kịch 하이 끽	희극
Hạ Long 하 롱	하롱(베트남 지명)	hài lòng 하이 롱	만족하다.

hai bàn tay trắng
하이 반 따이 짱

재산이 없는 상태, 맨손

hải đăng 하이 당	등대	Hàn Quốc 한 꿕	한국
hải quan 하이 꽌	세관	Hán 한	한민족(중국의)
hải sản 하이 싼	해산물	hạn 한	기간, 한계
hái 하이	(과일)따다.	hạn chế 한 쩨	제한하다.
hái lượm 하이 르엄	수렵생활하다.	hạn hán 한 한	가뭄
hái nấm 하이 넘	버섯을 따다.	hang 항	구멍, 동굴
hại 하이	손해를 끼치다.	hang động 항 동	동굴
ham 함	매우 좋아하다.	hàng 항	줄(늘어선)
hàn 한	납땜하다.	hàng chục 항 쭉	수십 여의

Hai đội hòa.
하이 도이 화
두 팀이 비겼어.

Hải Dương
하이 즈엉
하이 즈엉(도시명)

Hải Phòng
하이 퐁
하이퐁(도시명)

베트남어	한국어
hàng đầu 항 더우	리더
hàng giả 항 쟈	모조품
hàng Hàn Quốc 항 한 꿕	한국 제품
hàng hóa 항 화	물품
hàng hoạt 항 홧	대중
hàng không 항 콩	항공
hàng loạt 항 롯	대규모의
hàng mẫu 항 머우	샘플(상품)
hàng năm 항 남	수년(기간)
hàng ngàn 항 응안	수천의
hàng ngày 항 아이	매일
hàng nghìn 항 응인	수천의
hàng ngoại 항 응와이	수입품
hàng quý giá 항 뀌 쟈	귀중품
hàng rong 항 종	행상인
hàng tiêu dùng 항 띠에우 중	생활필수품
hàng trăm 항 짬	수백의
hàng tuần 항 뚜언	몇 주 동안
hàng xóm 항 쏨	이웃
hãng 항	브랜드
hạng 항	등급
hạng nhất 항 녓	일등급
hanh 하잉	건조한
hành chính 하잉 찌잉	행정

hành động 하잉 동	액션, 행동	hảo hạng 하오 항	상등의
hành hoa 하잉 화	파(야채)	hát 핫	노래하다.
hành khách 하잉 카익	승객	hát hay 핫 하이	노래 잘하다.
hành lang 하잉 랑	로비	hát quốc ca 핫 꿕 까	국가를 부르다.
hành lý 하잉 리	짐	hát xẩm 핫 썸	핫썸(베트남가극)
hành tây 하잉 떠이	양파	hạt 핫	종자, 씨
hành tinh 하잉 띵	행성	hạt dẻ 핫 재	핫제(군밤)
hành trình 하잉 찌잉	순회하다.	hạt nhân 핫 년	핵
hạnh 하잉	살구	hạt tiêu 핫 띠에우	후추
hạnh phúc 하잉 푹	행복	hay 하이	혹은
hãng hàng không 항 항 콩			항공회사
hành lý trong máy bay 항 리 쫑 마이 바이			기내소지품

Hay đấy nhỉ? 하이 더이 니	재밌겠지?	Hãy đến. 하이 덴	오세요.
hay là 하이 라	혹은	Hãy mua về. 하이 무어 베	사와.
Hay quá. 하이 꽈	재밌다.	Hãy tập trung. 하이 떱 쭝	집중하세요.
hay xảy ra 하이 싸이 자	자주 발생하다.	Hãy tin đi. 하이 띤 디	믿어봐.
hãy 하이	하세요. (문장 처음)	hẳn 한	확실한, 완전히
hãy ăn 하이 안	많이 먹다.	hắn 한	그

hát chèo
핫 째오
핫 쩨오(베트남의 오페라)

hát karaoke
핫 까라오께
노래방에서 노래하다.

hát quan họ
핫 꽌 호
핫꽌호(베트남가극)

hay có gió
하이 꼬 죠
바람이 자주 불다.

hay sao
하이 싸오
문미에서 놀람을 나타낸다.

hay xảy ra thiên tai
하이 싸이 자 티엔 따이
자연재해가 자주 일어나다.

hằng 항	보통, ~마다	hầu như 허우 느	거의
hằng năm 항 남	매년	hậu quả 허우 꽈	안 좋은 결과
hắt hơi 핫 허이	재채기하다.	hè 해	여름
hâm 험	끓이다.	héc-ta 핵 따	헥타르
hầm 험	갱도	hẹn 핸	약속하다.
hầm mộ 험 모	지하묘지	hẹn giờ 핸 져	시간을 약속하다.
hân hạnh 헌 하잉	기쁘다.	heo 해오	돼지
hầu hết 허우 헷	거의 모두의	héo lánh 해오 라잉	외진(벽촌)

Hãy đưa cho tôi.
하이 드어 조 또이
저에게 주세요.

Hãy lấy ví dụ đi.
하이 러이 비 주 디
예를 드세요.

hấp dẫn
헙 전
매력 있는, 재미있는

hầu như hàng ngày
허우 느 항 아이
거의 매일

hẹp (햅)	좁다.
hét (햇)	(~야) 소리 지르다.
hề (헤)	어릿광대
hễ (헤)	만일
hệ (헤)	시스템(전산)
hệ sinh thái (헤 씨잉 타이)	생태계
hệ thống (헤 통)	체계
hệ từ (헤 뜨)	연결동사
hết (헷)	끝나다. 모두
hết cả (헷 까)	모두
hết hạn (헷 한)	만기가 되다.
hết hơi (헷 허이)	힘이 없는
hết lòng (헷 롱)	마음을 다해서
Hết mưa chưa? (헷 므어 쯔어)	비 그쳤어?
Hết rồi. (헷 조이)	다 팔렸어.
hết sức (헷 쑥)	전력을 다하다.
Hết sức đi. (헷 쑥 디)	최선을 다해.
hết vé (헷 배)	매진
hết ý (헷 이)	더할 나위 없이
hiếm (히엠)	드문
hệ thống quân giai (헤 통 꿘 쟈이)	명령체계
Hết pin rồi. (헷 벤 조이)	건전지 다 됐어.

hiếm có 히엠 꼬	희귀한	hiện vật 히엔 벗	실물
hiền 히엔	정숙한	hiệp 히엡	합치다. 경기
hiến pháp 히엔 팝	헌법	hiệp hội 히엡 호이	협회
hiện 히엔	나타나다. 현재	hiểu 히에우	이해하다.
hiện đại 히엔 다이	현대적인	hiểu biết 히에우 비엣	인식하다.
hiện đại hóa 히엔 다이 화	현대화	hiểu hết 히에우 헷	다 알아듣다.
hiện nay 히엔 나이	오늘날	hiểu ra 히에우 자	깨닫다.
hiện tại 히엔 따이	현재	hiếu 히에우	효
hiện tượng 히엔 뜨엉	현상	hiếu thảo 히에우 타오	효도하다.

hiểm nghèo 위험하고 곤란한
히엠 응애오

hiện tượng trái đất nóng lên 지구온난화현상
히엔 뜨엉 짜이 덧 농 렌

hiểu lầm 오해하다. 잘못 이해하다.
히에우 염

hiệu 히에우	가게, 기호	hình như 히잉 느	~인것 같다.
hiệu ảnh 히에우 아잉	사진관	hình thành 히잉 타잉	형성하다.
hiệu ăn 히에우 안	레스토랑	hình thức 히잉 특	형식
hiệu giặt ủi 히에우 쟛 우이	세탁소	hình tròn 히잉 쫀	원
hiệu quả 히에우 꽈	효과	hình vẽ 히잉 배	그림의 모양
hiệu sách 히에우 싸익	서점	hình vuông 히잉 부옹	네모진
hiệu thuốc 히에우 투억	약국	hít 힛	흡입하다.
hiệu trưởng 히에우 쯔엉	학장	ho 호	기침
hình 히잉	형별, 형태, 모습	hò 호	큰소리로 환호하다.
hình ảnh 히잉 아잉	영상	hò hẹn 호 핸	데이트를 약속하다.
hình dung 히잉 중	외관	họ 호	성(이름), 그들
hình bóng 히잉 봉		(정확하지 않은) 영상	

họ hàng 호 항	친척	hoa phượng 화 프엉	붉은 꽃
họ tên 호 뗀	이름전체	hoa quả 화 꽈	과일
hoa 화	꽃	hoa súng 화 쑹	수련
hoa cúc 화 꾹	국화	hoa văn 화 반	꽃무늬
hoa giấy 화 져이	조화(종이꽃)	hòa 화	비기다.
hoa lơ 화 러	브로콜리	hòa bình 화 비잉	평화
hoa màu 화 머우	농산물	Hòa Bình 화 비잉	화 비잉(도시명)
hoa mắt 화 맛	눈이 부시다.	hòa hợp 화 헙	화합하다.
hoa nở 화 너	꽃이 피다.	hòa nhập 화 녑	조화를 이루다.

hoa hậu Việt nam
화 허우 비엣 남   미스 베트남

hoa quả dầm
화 꽈 점   화파점(과일빙수)

hoang mang
황 망   매우 당황하다.

베트남어	한국어
hòa thuận 화 투언	화목하게 살다.
hóa 화	~화(공업화 등)
hóa chất 화 쩟	화학물질
hóa điên 화 디엔	정신이 돈
hóa đơn 화 던	영수증
hóa học 화 혹	화학
hóa ra 화 자	알고 보니 ~더라.
họa báo 화 바오	화보
họa sĩ 화 씨	화가
hoan nghênh 호안 응에잉	환영하다.
hoàn 호안	돌려주다.
hoàn cảnh 호안 까잉	환경
hoàn chỉnh 호안 찌잉	완전한
hoàn hảo 호안 하오	완전한
hoàn thành 호안 타잉	완성되다.
hoàn toàn 호안 또안	완벽한, 흠 없는
hoãn 호안	연기되다.
hoang dại 황 자이	야생의
hoang đường 황 드엉	황당무계한
hoàng tử 황 뜨	왕자
hoảng sợ 황 써	공포에 떠는
hoạt động 홧 동	기능하다.
hoành hành 화잉 하잉	사납게 날뛰다. (병이)창궐하다.

hoạt hình 홧 히잉	만화영화	học tập 혹 떱	학습하다.
hoặc 확	또는	học trò 혹 쩌	제자
hoặc là 확 라	아마도, 또는	học vị 혹 비	학위
học 혹	공부하다.	học viên 혹 비엔	학생
học bổng 혹 봉	장학금	hỏi 호이	묻다.(질문)
học giỏi 혹 죠이	공부를 잘하다.	hỏi thăm 호이 탐	안부를 묻다.
học hành 혹 하잉	학습하다.	hói 호이	(머리가)벗겨지다.
học hỏi 혹 호이	공부하다.	hòm 홈	박스, 트렁크
học kỳ 혹 끼	학기	hòm thư 홈 트	우체통
học sinh 혹 씨잉	학생	hòn 혼	둥근 것 앞에 붙이는 말
học vẹt 혹 뱃		내용은 모르고 외우기만 하다.	
hồ Hoàn Kiếm 호 호안 끼엠		호안끼엠 호수(하노이)	

베트남어	한국어
hòn đảo 혼 다오	섬
hỏng 홍	고장 나다.
họng 홍	목(구멍)
họp 홉	회의
họp báo 홉 바오	기자회견하다.
hồ 호	풀(사무용품), 호수
Hồ Chí Minh 호 찌 미잉	호치민
hồ sơ 호 써	기록, 전과
hồ Tây 호 떠이	떠이 호수(하노이)
hổ 호	호랑이
hỗ trợ 호 쩌	보조하다.
hồ tinh 호 띠잉	여우같이 예쁜 여자 아이
hố 호	깊은 구멍, 무덤
hộ 호	~를 위해
hộ chiếu 호 찌에우	여권
hồi 호이	막(연극)
hồi đó 호이 도	이전에
hồi giáo 호이 쟈오	이슬람
hồi hộp 호이 홉	두근거리다.
hồi phục 호이 푹	회복하다.
hồi trước 호이 쯔억	(이)전에
hối phiếu 호이 피에우	환어음
hội 호이	모이다. 협회

Hội An 호이 안	호이안(도시명)	hội thảo 호이 타오	세미나
hội chợ 호이 쩌	박람회	hội thi 호이 티	대회
hội diễn 호이 지엔	문예공연	hội thoại 호이 토와이	회화(대화)
hội đàm 호이 담	회담	hội trường 호이 쯔엉	회의 장소
hội đồng 호이 동	집회	hội viên 호이 비엔	회원
hội hè 호이 해	축제	hôm 홈	해, 날
hội họa 호이 화	회화(그림)	hôm ấy 홈 어이	그날
hội họp 호이 홉	모이다.	hôm kia 홈 끼아	그저께
hội lim 호이 림	림축제(박닝지역)	Hôm nào? 홈 나오	(미래)언제요?
hội nghị 호이 응이	회의, 세미나	hôm nay 홈 나이	오늘

Hôm nay số đỏ.
홈 나이 쏘 도

운수 좋은 날이네

hộp / 1 hộp bia
홉 / 못 홉 비아

상자/ 맥주 1 상자

hôm nọ / 홈 노	전번에	hộp diêm / 홉 지엠	성냥갑
hôm qua / 홈 꽈	어제	hộp thoại / 홉 토와이	대화상자(전산)
hôm sau / 홈 싸우	다음날	hộp tròn / 홉 쫀	둥근 광주리
hôm trước / 홈 쯔억	전날	hột / 홋	겨자
hôn / 혼	키스하다.	hở / 허	틈이 있는
hôn nhân / 혼 년	혼인	hơi / 허이	공기(타이어)
hồn / 혼	영혼	hơi giống / 허이 종	좀 비슷한
hỗn độn / 혼 돈	혼란한	hơi lạnh / 허이 라잇	조금 추운
hồng / 홍	분홍색, 장미, 감(과일)	hơi sốt / 허이 쏫	열이 조금 나다.
Hồng Kông / 홍 꽁	홍콩	hơi thở / 허이 터	호흡
hộp bút / 홉 붓	필통	hơn / 헌	보다(비교), ~이상
hộp bảo quản đồ quý giá / 홉 바오 꽌 도 뀌 쟈			귀중품보관함

hơn chúng ta 헌 쭝 따	우리보다	hợp thời 헙 터이	적시의
hơn hết 헌 헷	최고의	hợp thời trang 헙 터이 짱	유행하는
hơn là 헌 라	~보다는 ~가 낫다.	Hợp ý tôi lắm. 헙 이 또이 람	만족해요.
hơn nhiều 헌 니에우	더 많이	Huế 훼	후에(도시명)
hơn nữa 헌 느어	더 나가서는	huệ 훼	백합
hợp 헙	어울리다.	hủi 후이	나병
hợp đồng 헙 동	계약	hung dữ 훙 즈	잔악한
hợp khẩu vị 헙 커우 비	입맛에 맞다.	hút 훗	피우다.
hợp lý 헙 리	합리적인	hút ẩm 훗 엄	제습하다.
hợp tác 헙 딱	협력하다.	hút thuốc 훗 투억	담배를 피우다.

Hơi lạo xạo.
허이 라오 싸오

소음이 조금 있네.

Hơi ồn ào quá.
허이 온 아오 꽈

시끄러운걸.

huy chương 휘 쯔엉	메달	huyết áp 휘엣 압	혈압
huy chương bạc 휘 쯔엉 박	은메달	huyết thống 휘엣 통	혈통
huy chương đồng 휘 쯔엉 동	동메달	huýt 횟	휘파람을 불다.
huy chương vàng 휘 쯔엉 방	금메달	huýt sáo 횟 싸오	휘파람을 불다.
huy hiệu 휘 히에우	훈장	hư 흐	부패한
huỷ bỏ 휘 보	지우다. 삭제하다.	hư hại 흐 하이	손상된
huyền 휘엔	흑옥, 성조(à)	hứa 흐어	약조하다.
huyền thoại 휘엔 토와이	전설	Hưng Yên 흥 엔	흥 엔(도시명)
huyện 휘엔	현(행정구역)	hứng thú 흥 투	재미있는

huấn luyện viên
후언 루엔 비엔
감독(스포츠)

hút thuốc lá
훗 투억 라
담배를 피우다.

huy động
휘 동
(군대 등을)동원하다.

hương 흐엉	향기	hữu hạn 휴 한	유한의
hương vị 흐엉 비	맛	hữu nghị 휴 응이	우정
hướng 흐엉	방향	hy sinh 히 씨잉	희생
hướng dẫn 흐엉 전	안내하다.	hy vọng 히 봉	바라다.

hủy hoại — 부수다. 폭파하다. 훼상하다.
휘 화이

hướng dẫn sử dụng — 사용안내
흐엉 전 쓰 중

hướng dẫn viên du lịch — 여행가이드
흐엉 전 비엔 주 릭

Hy vọng sẽ đổi. — 바뀌었으면 좋겠어.
히 봉 쌔 도이

i k

베트남어-한국어 단어장

ích 익	이익	ít hơn 잇 헌	~보다 적은
ích kỷ 익 끼	이기적인	ít khi 잇 키	드물게
ích lợi 익 러이	유익한	ít lâu 잇 러우	잠시 동안
im 임	조용한	ít nhất 잇 녓	최소한도
im đi 임 디	조용히 해.	ít nhiều 잇 니에우	다소간
im lặng 임 랑	조용한	ít nói 잇 노이	입이 무겁다.
in 인	인쇄하다.	ít ỏi 잇 오이	매우 조금
Inđônêxia 인도네시아	인도네시아	ít tuổi 잇 뚜어이	젊은 소년의
Irắc 이락	이라크	Italia 이따리아	이탈리아
ít 잇	거의 없는	iu 이우	눅눅해지다.

k

karamen 까라맨	푸딩	kem đánh răng 깸 다잉 장	치약
kẻ 깨	사람	kèm 깸	~와 함께 가다.
kẻ carô 깨 까로	체크무늬의	kèm theo 깸 태오	~와 함께 가다.
kẻ cướp 깨 끄업	도둑	kém 깸	모자라는, 나쁜
kẻ móc túi 깨 목 뚜이	소매치기	kèn 깬	나팔
kẻ trăng gió 깨 짱 죠	바람둥이	kèn xắc xô 깬 싹 쏘	색소폰
kẻ trộm 깨 쫌	강도, 도둑	keo 깨오	풀
kem cạo râu 깸 까오 러우	면도용 크림	kẻo 깨오	~하지 않도록.
kem chống nắng 깸 쫑 낭	선크림	kéo 깨오	가위

kẻ nghiện rượu   알코올중독자
깨 응이엔 즈어우

kem   아이스크림, 화장용 크림
깸

베트남어	한국어
kéo cắt móng tay 깨오 깟 몽 따이	손톱깎이
kéo dài 깨오 자이	(시간이)길어지다.
kéo ra 깨오 자	빼내다.
kéo xe 깨오 쌔	견인
kẹo 깨오	사탕
kẹo cao su 깨오 까오 쑤	껌
kép 깹	합성하다.
kẹp 깹	집다. 클립
kê khai hải quan 께 카이 하이 꽌	세관신고
kể cả 께 까	~을 포함하여
kể cho 께 쪼	알려주다.
kể chuyện 께 쭈엔	이야기를 하다.
kể lại 께 라이	이야기하다.
kế 께	전략
kế hoạch 께 화익	계획
kế hoạch hóa 께 화익 화	계획화

kèm theo danh mục hàng hóa
깸 태오 자잉 묵 항 화
상품목록을 덧붙이다.

kém / ba giờ kém mười phút
깸 / 바 저 깸 므어이 풋
~만큼 작은, 전 / 3시 10분전

Kế hoạch bể rồi.
께 화익 베 조이
계획이 다 틀어졌어.

kế tiếp 께 띠엡	계승하다.	kết luận 껫 루언	결론
kế toán 께 또안	회계	kết nghĩa 껫 응이아	친구가 되다.
kênh 께잉	운하	kết quả 껫 꽈	결과
kết 껫	합하다.	kết quả thi 껫 꽈 티	시험결과
kết bạn 껫 반	친구가 되다.	kết quả trận đấu 껫 꽈 쩐 더우	경기결과
kết bạn với 껫 반 버이	교제하다.	kết thân 껫 턴	동맹하다.
kết cấu 껫 꺼우	구성하다.	kết thúc 껫 툭	마치다.
kết duyên 껫 주엔	결연	kêu 께우	부르다.
kết giao 껫 쟈오	형성하다.	kêu gọi 께우 고이	호소하다.
kết hôn 껫 혼	결혼	kêu ran 께우 잔	울려퍼지다.
kết hợp 껫 헙	결합	khả năng 카 낭	가능
kêu cứu 께우 뀨		(도움을 구하러)소리치다.	

khá 카	상당히	khách hàng 카익 항	손님
khá giả 카 쟈	꽤 유복한	khách mời 카익 머이	손님
khác 칵	다른, 변화하다.	khách sạn 카익 싼	호텔
khác biệt 칵 비엣	다르다.	khai 카이	선언하다.
khác nhau 칵 나우	서로 다른	khai giảng 카이 쟝	개강하다.
khác thường 칵 트엉	이상한	khai mạc 카이 막	개막
khác xa 칵 싸	전혀 다른	khai phá 카이 파	발견하다.
khách 카익	손님	khai thác 카이 탁	개척하다.
khách du lịch 카익 주 릭	여행자	khai trương 카이 쯔엉	개업

Khách sáo quá. 카익 싸오 꽈 — 별말씀을요.

khai báo 카이 바오 — 선언하다. 보고하다.

khám phá 캄 파 — (역사, 과학적)발견하다.

khái quát 카이 꽛	~을 일반화하다.	khắc họa 칵 화	(말로)묘사하다.
khám bệnh 캄 버잇	진찰하다.	khắc nghiệt 칵 응이엣	열악한
khán đài 칸 다이	관중석	khăn 칸	수건
khán giả 칸 쟈	관객, 시청자	khăn bịt mặt 칸 빗 맛	마스크
kháng chiến 캉 찌엔	저항하다.	khăn giấy 칸 져이	키친타월
khảo cổ học 카오 꼬 혹	고고학	khăn tay 칸 따이	손수건
khảo sát 카오 쌋	조사하다.	khăn trải giường 칸 짜이 즈엉	침대시트
khát 캇	목마른	khăn xếp 칸 쎕	터번
khát vọng 캇 봉	갈망하다.	khẳng định 캉 딕	긍정하다.
khắc 칵	(나무 등)파다.	khắp 캅	전부의
khắc gỗ 칵 고	나무에 새기다.	khắp nơi 캅 너이	어디든지
khắc phục 칵 쿡		극복하다. 지배하다.

khắt khe 캇 캐	호되다.	khi 키	~때, ~하는 동안
khẩu 커우	입, 한입분량	Khi nào? 키 나오	(과거)언제요?
khẩu ngữ 커우 응으	구어	khi thì 키 티	때때로
khẽ 캐	가볍게, 부드럽게	khi tôi biết 키 또이 비엣	내가 알았을 때
khen 캔	칭찬하다.	khỉ 키	원숭이
khéo 캐오	능숙한	khí 키	기체, 가스
khéo léo 캐오 래오	솜씨 좋은	khí hậu 키 허우	기후
khéo tay 캐오 따이	손재주가 있는	khí quyển 키 꾸엔	대기(권)
khét 캣	탄내가 나다.	khí thế 키 테	기세
khế 케	스타푸르츠	khí tượng 키 뜨엉	대기현상

khen thưởng
캔 트엉   보상하고 칭찬하다.

khi tôi đến Việt Nam
키 또이 덴 비엣 남   베트남에 왔을 때

khiêm tốn 키엠 똔	겸손한	khó nhọc 코 녹	힘든
khiển trách 키엔 짝	잔소리하다	khó nói 코 노이	말하기 어렵다.
khiến 키엔	하도록 하다.	Khó thật đấy. 코 텃 더이	정말 어려워.
khiếp sợ 키엡 써	놀라다.	khó thở 코 터	숨쉬기 어려운
khiêu vũ 키에우 부	춤추다.	khó tiêu hóa 코 띠에우 화	소화불량
khó 코	어려운	khó tính 코 띵	완고한
khó chịu 코 찌우	불쾌한	khoa 콰	과학 분야, 과
Khó chịu quá. 코 찌우 꽈	못 참겠어.	khoa học 콰 혹	과학
khó đọc 코 독	읽기 어려운	khoa học cơ bản 콰 혹 꺼 반	기초과학
khó hiểu 코 히에우	이해하기 힘든	khoa sản 콰 싼	산부인과
khó khăn 코 칸	어려운	khóa 콰	잠그다. 자물쇠
khóa thẻ 콰 태			카드를 정지시키다.

베트남어	한국어
khóa học 콰 혹	학습과정
khoác 콱	쓰다.
khoai lang 콰이 랑	고구마
khoai tây 콰이 떠이	감자(야채)
khoai tây rán 콰이 떠이 잔	감자튀김
Khoan đã. 콴 다	잠깐만요.
khoản 콴	항목, 조항
khoảng 쾅	약(대략)
khoảng cách 쾅 까익	간격
khoảng chừng 쾅 쯩	대략
khoảng không 쾅 콩	평(아파트)
khoáng sản 쾅 싼	광물
khoanh tay 쾅잉 따이	팔짱을 끼다.
khoáy 코아이	가마(머리)
khóc 콕	울다.
khóc lóc 콕 록	울다.
khỏe 쾌	건강한
khỏe mạnh 쾌 마잉	건강한

khoai lang luộc
콰이 랑 루옥   삶은 고구마

khoai nướng
콰이 느엉   군고구마, 고구마튀김

khố
코   허리에 차는 천(국부가리개)

khỏe ra 쾌 자	건강해지다.	khổ 코	폭(옷감)
khoét 쾟	구멍을 뚫다.	khổ cực 코 끅	극빈의, 고생의
khoét lỗ 쾟 로	구멍을 뚫다.	khôi phục 코이 푹	복구하다.
khỏi 코이	(병)낫다. 면하다.	khối lượng 코이 르엉	대량의
khỏi nói 코이 노이	말할 필요가 없다.	khôn 콘	영리한
khỏi sốt 코이 쑷	열이 내리다.	không 콩	아니(대답), 0(숫자)
khói đèn 코이 댄	(햇볕에)그을리다.	không ai 콩 아이	아무도 ~아니다.
khô 코	마른(건조)	không bận 콩 번	바쁘지 않다.
khô cạn 코 깐	바싹 마르다.	Không bây giờ. 콩 버이 져	지금 말고.
khô cổ 코 꼬	목이 마르다.	không biết 콩 비엣	모르다.
khốn khổ 콘 코			비참한, 상처 입은
không bán 콩 반			팔지 않음, 비매품

không biết rõ 잘 모르다. 콩 비엣 조	không chịu 하려하지 않다. 콩 찌우
không cần 필요하지 않은 콩 껀	không chú ý 부주의한 콩 쭈 의
không chỉ ~뿐만 아니라 콩 찌	không có ~가 없다. 콩 꼬

không bao giờ　　　　　　　결코 ~하지 않다.
콩 바오 져

Không bận lắm.　　　　　　많이 바쁘지 않아.
콩 번 람

không bết dính　　　　　　끈적거리지 않는
콩 벳 지잉

không biết tiếng Việt　　　　베트남어를 모르다.
콩 비엣 띠응 비엣

không cánh mà bay　　　　날개도 없이 날으려 한다.
콩 까잉 마 바이

không chính thức　　　　　비공식적인
콩 찌잉 특

không chịu nhìn　　　　　　차마 볼 수 없다.
콩 찌우 닌

không cho phép　　　　　　허락하지 않다.
콩 쪼 팹

Không cho rau thơm.　　　향채 빼주세요.
콩 쪼 자우 텀

Không có. 콩 꼬	없어.	không đường 콩 드엉	무설탕
không còn 콩 끈	계속하지 않는	không gian 콩 잔	공간
Không dám. 콩 잠	천만에요.	không hay 콩 하이	재미없는
không đáng 콩 당	가치가 없다.	không hề 콩 헤	아무것도 아니다.
không đâu 콩 더우	근거가 없다.	không kể 콩 께	계산하지 않은
Không được. 콩 드억	안돼요.	không khí 콩 키	공기

không có hy vọng 콩 꼬 히 봉	희망이 없다.
không đáng kể 콩 당 께	가치가 없는
không đần độn 콩 던 돈	멍청하지 않다.
không để 콩 데	~하도록 내버려 두지 않다.
không để ý 콩 데 이	부주의한, 관심을 두지 않는
Không được đâu. 콩 드억 더우	그렇게는 안 돼.

베트남어	한국어
không may 콩 마이	불행하게
không nên 콩 넨	해서는 안 된다.
không những 콩 능	뿐만 아니라
không phải 콩 파이	~이 아니다.
Không sao. 콩 싸오	괜찮습니다.
không tập 콩 떱	공습
không tên 콩 뗀	익명의
không thể 콩 테	할 수 없다.
không tiện 콩 띠엔	불편한
không tưởng 콩 뜨엉	공상
khổng lồ 콩 로	거대하다.
Khổng Tử 콩 뜨	공자(인물)
khởi hành 커이 하잉	출발
khớp xương 컵 쓰엉	관절부위
không khi nào 콩 키 나오	결코 ~하지 않다.
không kịp 콩 낍	~에 미치지 않다. 적시가 아닌
không ngờ 콩 응어	~라고는 생각도 못했다.
Không phải chứ. 콩 파이 쯔	말도 안 돼.
khởi đầu 커이 더우	출발하다. 시작하다.

khu 쿠	지역	khuyên 쿠엔	충고하다.
khu công nghiệp 쿠 꽁 응이엡	공업지역	khuyên nhủ 쿠엔 뉴	충고하다.
khu vực 쿠 븍	지역	khuyến khích 쿠엔 키익	장려하다.
khuấy 쿠어이	휘젓다.	khuyến mại 쿠엔 마이	세일(할인판매)
khuê các 쿠에 깍	옛날 여자의 방	khuyết điểm 쿠엣 디엠	결점
khung thành 쿵 타잉	골(스포츠)	khứ hồi 크 호이	왕복의
khủng hoảng 쿵 황	공황	khướu 크어우	수다를 잘 떠는
khuya 퀴아	밤늦게	ki lô 끼 로	킬로

khởi nghĩa
커이 응이아
의병을 일으키다.

khu cấm hút thuốc lá
쿠 껌 훗 투억 라
금연지역

khuôn
쿠온
형식에 적응하다. 모형

khuyến nông
쿠엔 농
농업을 장려하다.

베트남어	한국어
kỉ niệm / 끼 니염	추억, 기념
kia / 끼아	저사람, 저것
kia kìa / 끼아 끼아	저쪽에
kìa / 끼아	저기에, 저쪽에
kích cỡ / 끽 꺼	규격
kích thích tố / 끽 틱 또	호르몬
kích thước / 끽 트억	크기
kịch / 끽	연극
kịch bản / 끽 반	각본
kịch nói / 끽 노이	연극
kiểm duyệt / 끼엠 주옛	검열(검토)하다.
kiểm lâm / 끼엠 럼	삼림관리
kiểm tra / 끼엠 짜	검사하다.
kiếm / 끼엠	찾다. 검(칼)
kiếm lời / 끼엠 러이	수익을 만들다.
kiếm sống / 끼엠 쏭	생계비를 벌다.
kiếm tiền / 끼엠 띠엔	돈을 벌다.
kiên / 끼엔	동요하지 않는
kiểm tra sức khỏe / 끼엠 짜 쓱 쾌	건강진단
kiếm củi / 끼엠 꾸이	(불을 피우려) 나무를 모으다.
kiều / 끼에우	외국에 거주하다. 아름다운

kiên cường 끼엔 끄엉	의지가 굳은	kiêu căng 끼에우 깡	오만한
kiên nhẫn 끼엔 년	인내심이 강한.	kiêu hành 끼에우 하잉	오만한
kiên quyết 끼엔 꾸엣	단호한	kiểu 끼에우	양식, 모조품의
kiên trì 끼엔 찌	인내심	kiểu mới 끼에우 머이	신형이다.
kiến 끼엔	개미	kiệu 끼에우	일 인승 가마, 항아리
kiến thức 끼엔 특	지식	kilô 낄오	킬로
kiến trúc 끼엔 쭉	건설하다.	kilô mét 낄오 맷	킬로미터
kiến trúc sư 끼엔 쭉 쓰	건축가	kim 낌	바늘, 금
kiện 끼엔	꾸러미, 소송하다.	kim phút 낌 풋	분침
kiệt 끼엣	인색한, 뛰어난	kìm hãm 낌 함	~을 저지하다.
kiệt sức 끼엣 쓱	전력을 다하다.	kinh đô 끼잉 도	수도
kinh 끼잉		경족(베트남 민족), 무서워하다.	

kinh khủng 끼잉 쿵	두려운	kinh thành 끼잉 타잉	수도
kinh ngạc 끼잉 응악	깜짝 놀란	kính 끼잉	유리, 안경
kinh nghiệm 끼잉 응이엠	경험	kính báo 끼잉 바오	정중하게 알림
kinh nguyệt 끼잉 응우엣	생리(여성)	kính mến 끼잉 멘	존경하다.
kinh niên 끼잉 니엔	만성적인	kính râm 끼잉 점	선글라스
kinh phí 끼잉 피	지출, 경비	kính trọng 끼잉 쫑	존경하다.
kinh phong 끼잉 퐁	경련(의학)	kip 낍	시간 안에 닿다.
kinh tế 끼잉 테	경제	kịp thời 낍 터이	적시의
kinh tế học 끼잉 떼 혹	경제학	Kon Tum 꼰 뚬	꼰 뚬(도시명)

kinh doanh 사업하다. 비즈니스
끼잉 좌잉

kinh nghiệm trong công việc 사회경험
끼잉 응이엠 쫑 꽁 비역

kính thưa 정중하게 알리다. 친애하는
끼잉 트어

kỳ 끼	기일, 국기	kỹ năng 끼 낭	기능
kỳ diệu 끼 지에우	불가사의한	kỹ sư 끼 쓰	기술자
kỳ lạ 끼 라	기묘한	kỹ thuật 끼 투엇	기술
kỳ phiếu 끼 피에우	약속어음	kỹ thuật số 끼 투엇 쏘	디지털
kỳ quan 끼 꽌	불가사의	ký 끼	서명하다.
kỳ thi 끼 티	시험	ký kết 끼 껫	계약하다.
kỳ vọng 끼 봉	바라다.	ký phía sau 끼 피아 싸우	이서하다.
kỷ lục 끼 룩	기록(성적)	ký tên 끼 뗀	서명
kỷ niệm 끼 니염	기념하다.	ký túc xá 끼 뚝 싸	기숙사
kỹ 끼	주의 깊게	ký ức 끼 윽	기억

kính yêu   존경하고 사랑하다.
끼잉 이에우

I

베트남어-한국어 닮아진

la 라	(음계)라, 매독	lá thư 라 트	편지
la bàn 라 반	나침반	lạ 라	이상한
là 라	~이다.	lạc 락	땅콩
là hơi 라 허이	다림질	lạc đà 락 다	낙타
là quần áo 라 꿘 아오	옷을 다리다.	lạc đường 락 드엉	길을 잃다.
là vì 라 비	~ 한 이유이다.	lạc hậu 락 허우	낙후된
lá 라	잎	lạc quan 락 꽌	낙관하다.
lá cây 라 꺼이	나뭇잎	lạc thai 락 타이	낙태하다.
lá cờ 라 꺼	기(국기)	lai 라이	혼혈의
lá phổi 라 포이	폐(의학)	Lai Châu 라이 쩌우	라이 쩌우(도시명)
lãi không nhiều 라이 콩 니에우		이윤이 높지 않다.	
Lãi suất bao nhiêu? 라이 쑤엇 바오 니에우		이자가 얼마나 되나요?	

lãi 라이	이자	lại người 라이 응어이	병이 회복되다.
lãi suất 라이 쑤엇	이율(저금)	lại ở 라이 어	위치하다.
lái 라이	운전하다.	lại tăng lên 라이 땅 렌	오르다.
lái đò 라이 도	사공	lại tổ chức 라이 또 쪽	다시 개최되다.
lái xe 라이 쌔	운전하다.	làm 람	만들다.
lái xe lạ 라이 쌔 라	이상하게 운전하다.	làm ăn 람 안	사업하다.
lại 라이	다시	làm bài 람 바이	운동하다. 숙제하다.
lại còn 라이 꼰	아직도, 더욱	làm bài tập 람 바이 떱	숙제하다.

làm ăn phát đạt
람 안 팟 닷   사업이 번창하다.

làm bạn
람 반   친구가 되다. 부부가 되다.

làm bằng nhựa
람 방 느어   플라스틱으로 만들다.

làm chủ
람 쭈   주인이 되다. 주도권을 잡다.

làm bằng 람 방	~로 만들어진
làm cái 람 까이	(도박)딜러를 하다.
làm cho 람 쪼	야기하다.
làm chủ ngữ 람 쭈 응으	주어가 되다.
làm công 람 꽁	품삯으로 일하다.
làm dâu 람 저우	며느리가 되다.
làm đổ 람 도	엎지르다.
làm gì 람 지	왜, 무슨 일
làm gương 람 그엉	본보기가 되다.
làm hại 람 하이	해가되다.
làm hỏng 람 홍	망가뜨리다
làm Kimchi 람 김치	김치를 만들다.
làm lại 람 라이	다시 한번하다.
làm lây lan 람 러이 란	퍼트리다.
làm mất 람 멋	잃다.
làm ơn 람 언	제발
làm đầu 람 더우	머리를 스타일링하다.
làm kỷ niệm 람 끼 니염	기념으로 하다.
làm lây lan virus 람 러이 란 비룻	바이러스를 퍼뜨리다.
làm nên 람 넨	성공하다. ~가 되다.

làm phiền 람 피엔	폐를 끼치다.	làm tiệc 람 띠엑	파티를 열다.
làm quen 람 꾸앤	익숙해지다.	làm tình 람 띵	성교하다.
làm quen với 람 꾸앤 버이	친해지다.	làm tôi 람 또이	신하가 되다.
làm ra 람 자	만들다. 창조하다.	làm tốt 람 똣	잘 하다.
làm ruộng 람 주옹	경작하다.	làm vậy 람 버이	그와 같이
làm sao 람 싸오	어떻게, 왜	làm việc 람 비엑	일하다.
Làm thế nào? 람 테 나오	어떻게 하지?	làm vui lòng 람 부이 롱	만족시키다.
làm thêm 람 템	잔업	làm xong 람 쏭	일을 끝내다.

làm nữa
람 느어
파트타임으로 일하다.

làm tất cả mọi thủ tục
람 떳 까 모이 투 뚝
일체의 수속을 하다.

làm theo
람 태오
모방하다. 조언에 따라 행동하다.

Làm theo kiểu cổ phần?
람 태오 끼에우 꼬 펀
주식제로 하실 건가요?

lạm phát 람 팟	팽창, 인플레	láng giềng 랑 지응	이웃의
lan 란	퍼지다. 난초	Lạng Sơn 랑 썬	랑 썬(도시명)
lan rộng 란 종	퍼지다.	lành 라잉	(상처가)아물다.
lang băm 랑 밤	가짜 의사	lành lạnh 라잉 라잇	쌀쌀한
lang sói 랑 쏘이	(동물)이리	lãnh 라잉	수령하다.
làng 랑	마을	lãnh đạo 라잉 다오	리더, 장(지위)
làng xã 랑 싸	마을의 총칭	lánh 라잉	피하다. 빛나다.
lãng mạn 랑 만	낭만적인	lạnh 라잇	추운
lãng phí 랑 피	낭비하다.	Lạnh quá. 라잇 꽈	춥네.
Lãng phí quá. 랑 피 꽈	낭비야.	lao 라오	투창

lang thang
랑 탕
길거리에서 방황하다.

lao động phức tạp
라오 동 폭 땁
전문지식을 요하는 노동

lao động 라오 동	노동	lắm 람	매우
Lào 라오	라오스	lắm mồm 람 몸	수다스러운
Lào Cai 라오 까이	라오 까이(도시명)	lặn 란	(해)지다.
lạo xạo 라오 싸오	잡음	lăng 랑	(왕)릉, 내던지다.
lát 랏	조각	lăng mộ 랑 모	왕의 무덤
lát nữa 랏 느어	조금 있다가	lăng tẩm 랑 떰	(왕)능
lau 라우	닦다.	lắng nghe 랑 응애	귀 기울이다.
lau bảng 라우 방	칠판지우개	lắp 랍	맞추다.
lau khô 라우 코	(건조하여)말리다.	lặp 랍	되풀이하다.
lăm 얌	10 이후에 붙는 5	lặp lại 랍 라이	반복하다.
lao động tay chân 라오 동 따이 쩐			육체노동
lão 라오			늙은, 노인이 자칭하는 말

베트남어	한국어
lặt vặt 랏 밧	잡다한
lâm 럼	일을 당하다.
lâm nghiệp 럼 응이엡	임업
lầm 럼	잘못 생각하다.
lân cận 런 껀	근처의
lân tinh 런 띵	인광을 발하는
lần cuối 런 꾸오이	최후
lần đầu 런 더우	최초
lần đầu tiên 런 더우 띠엔	처음으로
lần lượt 런 르엇	선착순, 순서대로
lần này 런 나이	이번
lần sau 런 싸우	다음번
lẫn 런	혼동하다. 잘 잊는, 함께
lẫn lộn 런 론	혼동하다.

lắc đầu
락 더우
(거절로)머리를 가로 젓다.

lắp răng giả
랍 장 쟈
틀니를 맞추다.

lần / lần thứ ba
런 / 런 트 바
번 / 세 번째

Lần sau tôi sẽ đến.
런 싸우 또이 쌔 덴
다음에 올게요.

lập trình
럽 찌잉
프로그래밍하다.(전산)

lần nhau 런 나우	상호간에	lâu năm 러우 남	오래된
lập 럽	(기초를)세우다.	lâu ngày 러우 응아이	오랫동안
lập kế 럽 께	(계획을)감독하다.	lầu 러우	(건물의)층
lập trình viên 럽 찌잉 비엔	프로그래머	lấy 러이	가지다.
lập tức 럽 뜩	곧	lấy độc trị độc 러이 독 찌 독	이열치열
lật 럿	(안을 밖으로)뒤집다.	lấy được 러이 드억	어디까지라도
lâu 러우	오래	lấy lại 러이 라이	다시 가져가다.
lâu bền 러우 벤	내구력이 있는	lấy làm 러이 람	~라고 느끼다.
lâu dài 러우 자이	오랫동안	lấy nhau 러이 나우	결혼하다.
lâu đời 러우 더이	오래된	lấy trộm 러이 쫌	훔치다.
Lâu lắm rồi. 러우 람 조이	오래됐지.	lấy ví dụ 러이 비 주	예를 들자면
lấy chồng 러이 쫑			남편을 맞아들이다.

lấy vợ (러이 버)	아내를 맞아들이다.
lẻ (래)	나머지수, 소량의
lẻ tẻ (래 때)	따로따로 떨어진
lẽ phải (래 파이)	이성
lẽ ra (래 자)	당연히
lén lút (랜 룻)	몰래
leo (래오)	기어오르다.
leo lên (래오 렌)	(나무 등)오르다.
lê (레)	배(과일), 질질 끌다.
lễ (레)	휴일, 페스티벌
lễ cưới (레 끄어이)	결혼식
lễ hội (레 호이)	축제
lễ nghi (레 응이)	의례
lễ phép (레 팹)	공손
lễ tang (레 땅)	장례(식)
lễ tân (레 떤)	리셉션
lễ tết (레 뗏)	신년 축하하러 가다.
lễ vật (레 벗)	예물
lệ (레)	풍습
lệ phí (레 피)	비용, 수수료
lếch thếch (레익 테익)	단정치 못한
lên (렌)	오르다.
lên cao (렌 까오)	크게 오르다.
lên đến (렌 덴)	(~까지)오르다.

lên đường 렌 드엉	길을 떠나다.	lịch 릭	달력
lên gác 렌 각	2층에, 위층에	lịch âm 릭 엄	음력날짜
lên lớp 렌 럽	교단에 서다.	lịch sử 릭 쓰	역사
lên mặt 렌 맛	위세를 부리다.	lịch sự 릭 쓰	예의 있게
lên men 렌 맨	발효	Lịch sự nhé. 릭 쓰 내	잘 대해줘.
lên tới 렌 떠이	~에 도달하다.	liên 리엔	연꽃, 기관총
lên xe 렌 쌔	(차)타다.	liên doanh 리엔 좌잉	합작경영
lên xe buýt 렌 쌔 뷧	버스를 타다.	liên hệ 리엔 헤	연결
lệnh 레잉	명령	liên hoan 리엔 호안	파티하다.
lêu lổng 레우 롱	놀고 지내다.	liên hoan phim 리엔 호안 핌	영화제
lìa 리아	떠나다.	liên hợp 리엔 헙	연립의
lấy lại sức khỏe 러이 라이 쓱 쾌			건강을 되찾다.

베트남어	한국어
liên kết 리엔 껫	연결하다
liên lạc 리엔 락	연락 가능한
liên quan 리엔 꽌	연관
liên quan đến 리엔 꽌 덴	~와 연관된
liên tiếp 리엔 띠엡	연접하다. 연속중인
liên tục 리엔 뚝	연속하다.
liên từ 리엔 뜨	접속사
liền 리엔	잇따른
liệt 리엣	마비된
liệt kê 리엣 께	열거하다.
liều lĩnh 리에우 리잉	무모한
liệu 리에우	혹시
liệu pháp 리에우 팝	치료학요법(의학)
lim 림	경질재의 나무
linh 리잉	0 (십단위의 0)
linh cảm 리잉 깜	어감
lĩnh 리잉	따르다.
lĩnh lương 리잉 르엉	봉급
lĩnh vực 리잉 븍	영역
lính 리잉	군인, 무사

Lịch sự đấy mà.
릭 쓰 더이 마

예의상 그런 거죠.

liên hoan cuối năm
리엔 호안 꾸오이 남

송년회

lo 로	걱정하다.	loại hình 라이 히잉	유형
lo cho 로 쪼	~에 대해 걱정하다.	loại nhạc 라이 냑	음악종류
lo lắng 로 랑	걱정스러운	loại trừ 라이 쯔	도태하다.
lo sợ 로 써	걱정되는	loan 롼	불사조
lò vi sóng 로 비 쏭	전자레인지	loáng 롸ㅇ	번쩍거리다.
lọ 로	항아리	loạt 로앗	일제히
loa 로아	스피커	long 롱	헐렁헐렁한
loa phóng thanh 로아 퐁 타잉	확성기	lòng 롱	심장, 내장, 마음
loài 라이	생물의 종	lòng dũng cảm 롱 중 깜	용기
loài người 라이 응어이	인종	lòng tham 롱 탐	욕심
loại 라이	종류	lỗ 로	구멍
liều 리에우	모험하다. 무릅쓰고 ~을 하다.		

베트남어	한국어	베트남어	한국어
lỗ vốn 로 본	손해를 입다.	lối vào 로이 바오	입구
lố 로	다스(12개)	lội 로이	헤엄치다.
lộ 로	(사실이)드러나다. 길	lộn xộn 론 쏜	뒤죽박죽인
lộ trình 로 찌잉	노선	lông 롱	(동물)털
lôi cuốn 로이 꾸온	끌어들이다.	lông mày 롱 마이	눈썹
lôi thôi 로이 토이	단정치 못한	lông mi 롱 미	속눈썹
lỗi 로이	실수	lồng 롱	(동물)우리
lỗi lầm 로이 럼	실수	lồng tiếng 롱 띠응	더빙하다.
lỗi sai 로이 싸이	오타	lốp 롭	쭉정이, 타이어
lối 로이	매너	lỡ 러	(기차)놓치다.
lối sang đường 로이 쌍 드엉	횡단보도	lời 러이	말, 이윤
lối sống 로이 쏭	사는 방식	lời chào 러이 짜오	인사

lời chúc 러이 쭉	덕담	lợi nhuận 러이 뉴언	이윤
lời chúc Tết 러이 쭉 뗏	세배	lợi thế 러이 테	이윤, 이익
lời hứa 러이 흐어	약속	lớn 런	큰, 자라다.
lời khen 러이 캔	칭찬	lớn lên 런 렌	자라다.
lời khuyên 러이 쿠엔	충고	lớn nhỏ 런 뇨	크고 작은
lời mời 러이 머이	초대	lợn 런	돼지
lời nhắn 러이 냔	메모	lớp 럽	교실, 층
lời nhận xét 러이 년 쌧	소견	lớp học 럽 혹	교실
lời nói 러이 노이	말씀	lớp trưởng 럽 쯔엉	반장(학급)
lợi 러이	좋은. 유용한	lu 루	항아리
lợi ích 러이 익	복지	lũ 루	무리, 사람들
lít / 1 lít nước 릿 / 못 릿 느억			리터 / 물 1리터

lũ lụt 루 룻	홍수	luật lệ 루엇 레	규정
lú 루	머리가 둔한	luật pháp 루엇 팝	법률
lúa 루어	쌀	luật sư 루엇 쓰	변호사
lúa mạch 루어 막	보리	lúc 룩	~(시)에
lúa mì 루어 미	밀	lúc đầu 룩 더우	최초
lúa nếp 루어 넵	찹쌀	lúc đó 룩 도	그때
lụa 루어	실크	Lúc mấy giờ? 룩 머이 져	몇 시에?
luận án 루언 안	논문	lúc nào 룩 나오	언제, 아무 때나
luận văn 루언 반	논문	lúc này 룩 나이	오늘날, 현재
luật 루엇	법률, 규칙	lúc nãy 룩 나이	이제 막
luật đầu tư 루엇 더우 뜨	투자법	lục 룩	녹색, 육, 찾다.
lon / 3 bia lon 론 / 바 비아 론			캔 / 맥주 3 캔

lục địa 룩 디아	대륙	luyện tập 루엔 떱	연습하다.
Lui lại! 루이 라이	물러서!	lư 르	마을 입구의 문
lúm đồng tiền 룸 동 띠엔	보조개	lừa 르어	속이다. 당나귀
lúng túng 룽 뚱	어리둥절한	lừa dối 르어 조이	속이다.
luộc 루옥	끓이다.	lửa 르어	불
luôn 루언	자주, 곧장	lứa tuổi 르어 뚜어이	세대
luôn luôn 루언 루언	항상	lựa chọn 르어 쫀	선택하다.
lụt 룻	홍수	lực lượng 륵 르엉	역량
lụt lội 룻 로이	홍수	lưng 릉	등(인체)
luyện 루엔	단련하다.	lược 르억	잘라내다. 빗

Long Xuyên
롱 쑤엔

롱 쑤엔(도시명)

lúc buồn nhất
룩 부온 녓

제일 슬픈 순간

lười 르어이	게으른	lượng 르엉	추량하다. 분량
lưỡi 르어이	혀	lướt 르엇	스치다.
lưỡi cày 르어이 까이	보습	lưu luyến 류 루엔	애착을 가지다.
lưới 르어이	그물, 망	lưu niệm 류 니엠	기념하다.
lươn 르언	뱀장어	lưu thông 류 통	유통
lương 르엉	임금	lưu trữ 류 쯔	저장하다.(전산)
lương tâm 르엉 떰	양심	lựu đạn 류 단	수류탄
lương thực 르엉 특	식량	ly 리	잔(술)

lúc thích nhất
룩 틱 녓
가장 좋아하는 순간

luộc trong vòng ~
루옥 쫑 봉
~ 동안 끓이다.

Lười ơi là lười.
르어이 어이 라 르어이
정말 게으르다.

lượt / 2 lượt
르엇 / 하이 르엇
회 / 2회

ly dị 리 지	이별하다.	lý thuyết 리 투엣	이론
ly hôn 리 혼	이혼	lý tưởng 리 뜨엉	이상(소망)
lý do 리 조	이유		

lưu
류　　　　　　　　　　　　보류하다. (전산)저장하다.

lưu diễn
류 지엔　　　　　　　　　　(콘서트등)투어하다.

베트남어-한국어 단어장

ma 마	귀신	má 마	뺨
ma-ra-tông 마 라 똥	마라톤	mạch 막	맥박
ma túy 마 뛰	마약	mai 마이	내일
mà 마	~(하지)만.	mài 마이	갈다.
mà còn 마 꼰	더욱이	mải 마이	몰두하다.
mà lại 마 라이	그러나	mãi 마이	계속
mã 마	외모, 기호	mãi mãi 마이 마이	영원히
mã vạch 마 바익	바코드	mái 마이	지붕, 조류의 암컷

mai một
마이 못   사멸하다. (풍습)소멸하다.

mang hàng cấm
망 항 껌   금지품을 소지하다.

mau nước mắt
마우 느억 맛   갑자기 울다.

máy ảnh kỹ thuật số
마이 아잉 끼 투엇 쏘   디지털카메라

mái nhà 마이 냐	지붕	mang vào 망 바오	갖다 주다.
mại 마이	팔다.	mạng 망	네트워크
Malaixia 말라이씨아	말레이시아	mạng nhện 망 녠	거미집
màn 만	모기장	mảnh 마잉	가늘다.
màn hình 만 히잉	화면(전산)	mảnh mai 마잉 마이	날씬하다.
mạn 만	지역	mạnh 마잉	건강한, 강력한
mang 망	운반하다. 임신하다.	mạnh dạn 마잉 잔	건강한, 대담한
mang đến 망 덴	가지고 오다.	mạnh khỏe 마잉 쾌	건강한
mang lại 망 라이	가져오다.	mạnh mẽ 마잉 매	강력한
mang thai 망 타이	임신	mào 마오	(닭)볏
mang theo 망 태오	가져오다.	mát 맛	시원한
Máy bị trục trặc. 마이 비 쭉 짝			기계가 이상해.

mát mẻ 맛 매	시원하다.	May quá! 마이 꽈	운이 좋은데.
mau 마우	빠른	may quần áo 마이 꿘 아오	옷을 맞추다.
màu 머우	색	may rủi 마이 주이	우연
màu khác 머우 칵	다른 색	mày 마이	(친한 사이)당신
màu nâu 머우 너우	갈색	máy 마이	기계
màu sắc 머우 싹	색깔	máy ảnh 마이 아잉	카메라
máu 마우	피	máy bay 마이 바이	비행기
may 마이	만들다. 행운	máy bận 마이 번	통화중이다.
may mà 마이 마	다행스럽게	máy bơm 마이 범	펌프
may mắn 마이 만	행운	máy cạo râu 마이 까오 저우	면도기
May mắn quá! 마이 만 꽈	다행이다.	máy cassette 마이 깟셋	카세트
máy điều-hòa nhiệt độ 마이 디에우 화 니엣 도			에어컨

máy dừng 다운되다.(전산) 마이 증	máy tính để bàn 데스크톱 마이 띠잉 데 반
máy điện thoại 전화기 마이 디엔 토와이	máy tính xách tay 노트북 마이 띠잉 싸익 따이
máy FAX 팩스 마이 빡스	máy vi tính 컴퓨터 마이 비 띠잉
máy giặt 세탁기 마이 쟛	máy xay trái cây 믹서 마이 싸이 짜이 꺼이
máy hút bụi 진공청소기 마이 훗 부이	mắc áo 옷걸이 막 아오
máy in 프린터기 마이 인	mắc bệnh 병에 걸리다. 막 버익
máy in màu 컬러 프린터기 마이 인 머우	mắc phải (약혼)맺다. 막 파이
máy sấy tóc 드라이어 마이 써이 똑	mặc 입다.(옷) 막
máy tính 계산기 마이 띠잉	mặc cả 흥정하다. 막 까

máy nghe nhạc mp3   mp3플레이어
마이 응애 낙 엠피바

mắc   (병에) 걸리다.
막

mắc lỗi   실수하다. 잘못 생각하다.
막 로이

mặc dù 막 주	비록 ~할지라도	mắt 맛	눈(신체)
mặc kệ 막 께	신경 쓰지 않다.	mắt hai mí 맛 하이 미	쌍꺼풀
mặc quần áo 막 꿘 아오	옷을 입다.	mắt híp 맛 힙	작은 눈
mặc thử 막 트	입어보다.	mắt long lanh 맛 롱 라잉	빛나는 눈
mặc ý 막 이	뜻대로	mặt 맛	얼굴
mặn 만	짠(맛)	mặt bằng 맛 방	선반
măng 망	죽순	mặt bị đen 맛 비 댄	얼굴이 타다.
măng cụt 망 꿋	망고스틴	mặt đất 맛 덧	지구 표면
mắng 망	꾸짖다.	mặt hàng 맛 항	품목

mặc áo dài
막 아오 자이
아오자이 옷을 입다.

mặc cảm
막 깜
품고 있는 생각. 열등감

mặc dù bận
막 주 번
바쁨에도 불구하고

mặt khác 맛 칵	다른 면	mất 멋	잃다. 없어지다.
mặt nạ 맛 나	가면	Mất bao lâu? 멋 바오 러우	얼마나 걸려?
mặt nước 맛 느억	수면(물)	mất điện 멋 디엔	정전
mặt trái 맛 짜이	뒷면	mất mạng 멋 망	죽다.
mặt trăng 맛 짱	달(천체)	mất mùa 멋 무어	흉년
mặt trời 맛 쩌이	태양	mất ngủ 멋 응우	잠이 안 오다.
mâm 멈	쟁반	mật ong 멋 옹	꿀
mận 먼	자두	mẫu 머우	양식. 견본
mập 멉	뚱뚱하다.	mẫu giáo 머우 쟈오	유치원

mặt nước trong xanh
맛 느억 쫑 싸잉   물이 맑다.

mất công
멋 꽁   노동력을 낭비하다.

mất điện thoại
멋 디엔 토와이   전화기를 잃어버리다.

mẫu hệ / 머우 헤	모계제도
mẫu mã / 머우 마	모형
mẫu vật / 머우 벗	(동물)표본
mấy / 머이	얼마
mấy cốc / 머이 꼭	몇 컵
mấy giờ / 머이 져	몇 시에
mấy hôm trước / 머이 홈 쯔억	몇 일전에
mấy khi / 머이 키	이따금
mấy lần / 머이 런	몇 번
mấy năm sau / 머이 남 싸우	몇 년 후에
mẹ / 매	엄마
mất thời gian / 멋 터이 잔	시간이 걸리다.
mẹ chồng / 매 쫑	시어머니
mèo / 매오	고양이
mẹo / 매오	술책, 규칙
mét / 맷	미터(단위), 표백하다.
mét vuông / 맷 부옹	평방미터
mê / 메	반하다.
mê hồn / 메 혼	매혹시키는
mê sách / 메 싸익	책을 좋아하는
Mêhicô / 메히꼬	멕시코
mềm / 멤	부드럽다.
mềm mại / 멤 마이	부드러운

mến 멘	사랑하다.	mía 미아	사탕수수
mệnh đề 메잉 데	문장의 절	mía đá 미아 다	사탕수수주스
mệnh lệnh 메잉 레잉	명령	miền 미엔	지역
mệt 멧	피곤한	miền bắc 미엔 박	북부지역
Mệt lắm. 멧 람	피곤해.	miền nam 미엔 남	남부
mệt mỏi 멧 모이	피곤하다.	miền tây 미엔 떠이	서부지역
mệt nhưng 멧 능	피곤해도	miền trung 미엔 쭝	중부지역
mì 미	라면	miễn là 미엔 라	만약 ~이면
mì chính 미 찌잉	미원	miễn phí 미엔 피	무료
mì cốc 미 꼭	컵라면	miến 미엔	면(녹두로 만든)
Mất thời gian quá. 멋 터이 잔 꽈			시간이 오래 걸리네.
mét / 30 mét 맷 / 바 무어이 맷			미터 / 30 미터

베트남어	한국어
Miến Điện 미엔 디엔	미얀마
miệng 미응	입
mỉm cười 밈 끄어이	미소 짓다.
minh 미잉	밝은
mình 미잉	몸, 자신
mít tinh 밋 띠잉	모임
mọc 목	불쑥 나오다. 생기다.
mỏi 모이	피곤한
mọi 모이	모두
mọi người 모이 응어이	누구나
mọi nơi 모이 너이	어느 곳이나
mọi thứ 모이 트	모두
món 몬	음식을 하다.
món ăn 몬 안	요리
món quà 몬 꽈	선물
mong 몽	바라다.
mong muốn 몽 무온	기대하다.
mong thư 몽 트	편지를 기다리다.
mỏng 몽	얇은
móng chân 몽 쩐	발톱

Mệt chết mất.
멧 쩻 멋
힘들어 죽겠네.

miễn cưỡng
미엔 끄엉
마음 내키지 않는

móng tay 몽 따이	손톱	mộc 목	나무, 가공하지 않은
mô hình 모 히잉	모델, 모형	mộc nhĩ 목 니	목이버섯
mô-ni-tơ 모니떠	모니터	môi 모이	입
mô phỏng 모 퐁	모방하다.	môi trường 모이 쯔엉	환경
mô tả 모 따	묘사하다.	mồi 모이	미끼
mồ côi 모 꼬이	고아	mỗi 모이	각자의
mồ hôi 모 호이	땀을 흘리다.	mỗi một 모이 못	유일의
mổ 모	수술	mỗi năm 모이 남	매년
mộ 모	무덤	mỗi ngày 모이 응아이	매일
mốc 목	곰팡이가 난	mối tình 모이 띠잉	사랑
mốc giờ 목 져	시간경계선	mối tình đầu 모이 띠잉 더우	첫사랑

miếng / 1 miếng 미응 / 못 미응	조각 / 한 조각

베트남어-한국어

môn 부문, 종목, (식물)토란 몬	mốt 20이상의 일때 1 못
môn điền kinh 운동경기 몬 디엔 끼잉	một 일(숫자) 못
môn học 학과 몬 혹	một bước 한층 더 못 브억
môn quyền Anh 복싱 몬 꾸엔 아잉	một cách ~적으로 못 까익
môn thể thao 운동종목 몬 테 타오	một chút 잠시 동안 못 쭛
môn toán 수학(과목) 몬 또안	một công ty 한 회사 못 꽁 띠
Mông Cổ 몽고 몽 꼬	một đôi giày 구두 한 켤레 못 도이 져이
mồng 한 달의 초순 몽	một hôm 어느 날 못 홈
mồng một 첫 번째 몽 못	một hơi 단숨에 못 허이

mọc lên　　　　　　　　　성장하여 ~가 되다.
목 렌

Mọi sự như ý!　　　　모두 뜻대로 되길 바랍니다.
모이 쓰 느 이

Mọi việc tốt chứ?　　　　　　　일 잘됐죠?
모이 비엑 똣 쯔

một ít 못 잇	약간	một mình 못 밍	혼자
một lát 못 랏	잠시 동안	một năm sau 못 남 싸우	일 년 후
một lần 못 런	한번	một nghìn 못 응인	천(1000)
một lần nữa 못 런 느어	한 번 더	một nơi 못 너이	한 장소에
một lúc 못 룩	일시적으로	một nửa 못 느어	절반
một mặt 못 맛	애꾸눈의	một số 못 쏘	몇몇의

món ăn của ngày tết 몬 안 꾸어 응아이 뗏	설날음식
món ăn thông thường 몬 안 통 트엉	흔한 음식
món ăn truyền thống 몬 안 쭈엔 통	전통음식
môi trường khắc nghiệt 모이 쯔엉 칵 응이엣	열악한 환경
mỗi ngày 2 viên 모이 응아이 하이 비엔	매일 2알씩
mỗi người một khác 모이 응어이 못 칵	사람마다 다르다.

một tay 못 따이	외팔이	mơ ước 머 으억	꿈꾸다.
một tấm ảnh 못 떰 아잉	사진 한 장	mờ 머	흐린
một thời gian 못 터이 쟌	그동안	mở 머	열다.
một tí 못 띠	잠깐, 조금	mở cửa 머 끄어	문을 열다.
một trăm 못 짬	백(100)	mở cửa sổ 머 끄어 쏘	창문을 열다.
một triệu 못 찌에우	백만	mở đầu 머 더우	시작하다.
một tỷ 못 띠	십억	mở đường 머 드엉	길을 열다.
một vài 못 바이	몇 가지	mở máy 머 마이	작동하다.
mơ 머	살구	mở mắt 머 맛	눈을 뜨다.

mỗi trường một khác 모이 쯔엉 못 칵	학교마다 다르다.
một cách bí mật 못 까익 비 멋	비밀스럽게
một cách ngẫu nhiên 못 까익 응어우 니엔	갑작스럽게

mở nắp 머 납	오프너	mời ăn cơm 머이 안 껌	밥사다.
mở ra 머 자	열다. 떼다.	mới 머이	새것의
mở rộng 머 종	확대하다.	mới đầu 머이 더우	처음에
mở tài khoản 머 따이 콴	계좌를 열다.	mới đây 머이 더이	최근의
mở tiệc 머 띠엑	연회를 베풀다.	mới lạ 머이 라	새롭다.
mỡ 머	기름기가 많은	mới nhất 머이 녓	최신의
Mỡ quá! 머 꽈	느끼해.(맛)	mới phải 머이 파이	~해야 한다.
mớ 머	한 무더기	mũ 무	모자
mời 머이	청하다.	mũ bảo hiểm 무 바오 히엠	헬멧

một chín một mười 　　　　　거의 같은 종류의
못 찐 못 므어이

Một chuyến đi vui vẻ. 　　　　즐거운 여행 되세요.
못 쭈엔 디 부이 배

một đôi hoàn hảo 　　　　　　　찰떡궁합커플
못 도이 호안 하오

mũ chật 무 쩟	모자가 끼다.	mùa đông 무어 동	겨울
mua 무어	사다.	mùa hạ 무어 하	여름
mua hàng 무어 항	쇼핑	mùa hè 무어 해	여름
mua sắm 무어 쌈	쇼핑	mùa khô 무어 코	건기
mua vé 무어 배	표를 사다.	mùa màng 무어 망	수확기
mùa 무어	계절	mùa mưa 무어 므어	우기

một nải chuối — 바나나 한 다발
못 나이 쭈오이

một ngày kia — 그러던 어느 날
못 응아이 끼아

một tấm ảnh khổ 3X4 — 사진 3X4사이즈 한 장
못 떰 아잉 코 바 본

một thời gian sau — 얼마 후에
못 터이 잔 싸우

một tuần một lần — 일주일에 한번
못 뚜언 못 런

một vài suy nghĩ — 몇 가지 의견
못 바이 쑤이 응이

mùa thu 무어 투	가을	mùi thơm 무이 텀	향기
mùa xuân 무어 쑤언	봄	mùi vị 무이 비	맛
múa 무어	(전통적인)춤추다.	mùi 무이	코
múa rối 무어 조이	인형극	mũi tên 무이 뗀	화살
múa rối nước 무어 조이 느억	수상 인형극	múi 무이	과육, 매듭
múc ra 묵 자	푸다.	múi cam 무이 깜	오렌지 한쪽
mục 묵	기사, 항목	mụn con 문 꼰	여드름
mục đích 묵 딕	목적	mụn trứng cá 문 쯩 까	여드름
mục tiêu 묵 띠에우	목표	mùng 뭉	초순, 모기장
mùi 무이	냄새 맡다.	muỗi đốt 무오이 돗	모기가 물다.

Mới được 2 năm nay.
머이 드억 하이 남 나이

막 2년 되었어요.

mua bán
무어 반

거래하다. 사업을 시작하다.

muối 무오이	소금	mực 묵	잉크, 프린터 잉크
muốn 무온	하고 싶다.	mừng 믕	축하하다. 기쁜
muốn biết 무온 비엣	알고 싶다.	mười 므어이	십(10)
muốn gặp 무온 갑	만나고 싶다.	mười một 므어이 못	십일(숫자)
muộn 무온	늦은	mười nghìn 므어이 응인	만(10000)
muộn hơn 무온 헌	더 늦다.	mượn 므언	빌리다.
muộn rồi 무온 조이	늦었다.	mứt 믓	잼
mưa 므어	비가 오다.	Mỹ 미	미국
mưa đá 므어 다	우박	Mỹ Tho 미 토	미 토(도시명)
mưa rào 므어 자오	소나기	mỹ thuật 미 투엇	미술
mức độ 묵 도	정도	mỹ viện 미 비엔	미용실
muốn cùng đi 무온 꿍 디			같이 가고 싶다.

mưa rất bất ngờ
므어 젓 벗 응어

비가 갑자기 내리다.

베트남어-한국어 단어장

베트남어	한국어	베트남어	한국어
na / 나	나(과일)	nam sinh viên / 남 씨잉 비엔	남학생
na ná / 나 나	유사한	nạn / 난	재난
nai / 나이	사슴, 단단히 묶다.	nạn nhân / 난 년	희생자
nài / 나이	계속 조르다.	nàng / 낭	그녀(의)
nài nỉ / 나이 니	애원하다.	nào / 나오	어느, 자(의성어)
nải / 나이	다발(바나나)	nào cả / 나오 까	어떤 것도
nam / 남	남(성)	nào đó / 나오 도	어느
nam bộ / 남 보	남부	nào là / 나오 라	그리고
nam cực / 남 끅	남극	náo nhiệt / 나오 니엣	활기에 찬
Nam Định / 남 디잉	남 디잉(도시명)	nạp / 납	충전하다.
nam giới / 남 져이	남자	nạp điện / 납 디엔	충전하다.
nam nữ / 남 느	남녀	nạp súng / 납 쑹	총을 장전하다.

nát rượu 낫 즈어우	심사숙고하여	năm mươi 남 므어이	50
nay 나이	지금, 현재	Năm nào? 남 나오	몇 년도에?
này 나이	이(곳, 것)	năm nay 남 나이	올해
nảy 나이	발생되기 시작하다.	năm ngoái 남 응와이	작년
nãy 나이	조금 전	năm qua 남 꽈	작년
năm / 5 năm 남 / 남 남	5, 년 / 5년	năm tới 남 떠이	내년
năm châu 남 쩌우	오대주	năm trước 남 쯔억	작년
năm học 남 혹	학년도	nằm 남	위치해 있다.
năm mất mùa 남 멋 무어	흉년	nằm viện 남 비엔	입원하다.
năm một 남 못	매년마다	nắm 남	쥐다.
năm mới 남 머이	새해	năn nỉ 난 니	간청하다.
nay đây mai đó 나이 더이 마이 도		끊임없이 움직이다.	

베트남어	한국어	베트남어	한국어
nặn 난	모형을 만들다.	nặng 낭	무겁다.
năng 낭	종종	nặng nề 낭 네	무거운
năng động 낭 동	능동적인	nặng nhọc 낭 녹	어려운
năng khiếu 낭 키에우	재능	nắp 납	뚜껑
năng lực 낭 륵	능력	nấc cụt 넉 꿋	딸꾹질
năng lượng 낭 르엉	힘, 에너지	nấm 넘	버섯
Nặng quá. 낭 꽈	무거워	nâng 넝	들어 올리다.
năng suất 낭 쑤엇	생산성	nâng cao 넝 까오	고양하다.
nắng 낭	햇볕이 내리쬐다.	nâng cấp 넝 껍	향상시키다.
nắng gắt 낭 갓	이글거리는 태양	nâu 너우	갈색

năm sau / một năm sau
남 싸우 / 못 남 싸우

년후 / 일 년 후

Nắng ấm quá.
낭 엄 꽈

햇볕이 따뜻하네.

nấu 너우	끓이다.	nét 냇	형태 ~체(필체등)
nấu ăn 너우 안	요리하다.	nét bút 냇 붓	필적
nấu cơm 너우 껌	밥하다.	nét mặt 냇 맛	외모
nấu nướng 너우 느엉	요리하다.	nếm thử 넴 트	(음식)맛보다.
nấy 너이	그것	nệm 넴	매트리스
nem 냄	넴(춘권)	nên 넨	마땅히 ~ 해야 한다.
nem rán 냄 잔	넴쟌(튀긴 춘권)	nên 넨	~해서 ~하다.
ném 냄	던져버리다.	nền kinh tế 넨 끼잉 떼	경제
ném tuyết 냄 뚜엣	눈싸움하다.	nền tảng 넨 땅	기초, 기반

nắng chói chang   햇빛이 이글거리는
낭 쪼이 짱

nấu ăn ngon   요리를 잘 하다.
너우 안 응온

nên người   훌륭한 사람이 되다.
넨 응어이

베트남어	한국어	베트남어	한국어
nếp 넵	주름, 찹쌀	nếu thế 네우 테	만약 그렇다면
nếp sống 넵 쏭	생활, 스타일	Nga 응아	러시아
nết 넷	덕성	ngà 응아	상아
nếu 네우	만약	ngã 응아	넘어지다.
nếu cần 네우 껀	만약 필요하다면	ngã ba 응아 바	삼거리, 전환점
nếu có thể thì 네우 꼬 테 티	가능하시면	ngã tư 응아 뜨	사거리
nếu đồng ý 네우 동 이	찬성한다면	ngạc nhiên 응악 니엔	놀라다.
nếu được 네우 드억	만약 가능하다면	ngài 응아이	어르신(위치가 있는)
nếu làm thế 네우 람 테	그렇게 하면	ngại 응아이	걱정하다. 두려워하다.
nếu như 네우 느	만약 ~ 같다면	ngàn 응안	(숫자)천
nêu 네우	(문제를)제기하다. 예를 들다.		
nếu không 네우 콩	만약 그렇지 않다면		

ngang 응앙	보통의, 가로질러	ngày càng 응아이 깡	날이 갈수록
ngang hàng 응앙 항	동료	ngày chủ nhật 응아이 쭈 녓	일요일
ngang nhau 응앙 나우	같은, 동등의	ngày đêm 응아이 뎀	낮과 밤
ngành 응아잉	분야	ngày giáng sinh 응아이 쟝 씨잉	성탄절
ngành nghề 응아잉 응에	직업	ngày giỗ 응아이 죠	제삿날
ngạt mũi 응앗 무이	코가 막히다.	ngày hội 응아이 호이	축제일
ngay 응아이	바로	ngày kia 응아이 끼아	모레
ngay bây giờ 응아이 버이 져	지금 바로	ngày lễ 응아이 레	공휴일
ngay cạnh 응아이 까잉	바로 옆에	ngày lĩnh lương 응아이 리잉 르엉	월급날
ngay lập tức 응아이 럽 뚝	곧	ngày mai 응아이 마이	내일
ngay trên 응아이 쩬	바로 위에	ngày nào 응아이 나오	며칠
ngày 응아이	일(하루)	ngày nay 응아이 나이	오늘날

ngày nghỉ 응아이 응이	휴일	ngăn 응안	단락을 짓다. 서랍
ngày sau 응아이 싸우	장래	ngăn cản 응안 깐	저지하다.
ngày sinh 응아이 씨잉	생일	ngăn cấm 응안 껌	금지하다.
ngày sinh nhật 응아이 씨잉 녓	생일날	ngăn ngắn 응안 응안	짧은, 간단한
ngày tết 응아이 뗏	명절	ngắn 응안	짧은
ngày tháng 응아이 탕	날짜	ngắt hoa 응앗 화	꽃을 따다.
ngày thường 응아이 트엉	평일	ngắt lời 응앗 러이	말을 자르다.
ngày xưa 응아이 쓰어	옛날	ngậm 응엄	입을 다물다.
ngáy 응아이	코를 골다.	ngân hàng 응언 항	은행
ngắm 응암	주시하다.	ngân sách 응언 싸익	예산

ngay cả
응아이 까
~을 포함하여, ~까지(도)

ngày càng ngắn hơn
응아이 깡 응안 헌
점점 짧아지다.

ngập 응업	침수하다.	nghe tiếng 응애 띠응	소리를 듣다.
ngẫu nhiên 응어우 니엔	우연히	nghe tin 응애 띤	뉴스를 듣다.
nghe 응애	듣다.	nghé 응애	물소새끼, 엿보다.
nghe lời 응애 러이	남의 충고를 듣다.	nghèo 응애오	가난한
nghe nhạc 응애 냑	음악을 듣다.	nghèo nàn 응애오 난	빈곤한
nghe nói 응애 노이	듣기로는	nghề 응에	전문분야
nghe thấy 응애 터이	듣다.	nghề nghiệp 응에 응이엡	직업

ngày nghỉ chính thức 응아이 응이 찡 특   법적공휴일

ngày Quốc tế Lao động 응아이 꿕 떼 라오 동   국제 노동의 날

ngày Quốc tế Thiếu nhi 응아이 꿕 떼 티에우 니   국제 어린이 날

nghe được 응애 드억   들을 수 있는

nghe theo 응애 태오   ~에 복종하다. 충고하다.

nghệ 응에	나무의 종류, 재주	nghỉ học 응이 혹	휴학하다.
nghệ nhân 응에 년	예능인	nghỉ hưu 응이 휴	은퇴하다.
nghệ sĩ 응에 씨	예술가	nghỉ ít 응이 잇	조금만 쉬다.
nghệ thuật 응에 투엇	예술	nghỉ mát 응이 맛	여름방학
nghêu 응헤우	조개	nghỉ ngơi 응이 응어이	휴식
nghi 응이	의심하다. 외양	nghỉ phép 응이 팹	휴가(직장)
nghi lễ 응이 레	차례(행사)	nghỉ việc 응이 비엑	일을 그만두다.
nghi ngờ 응이 응어	의심하다.	nghĩ 응이	생각하다.
nghi vấn 응이 번	의문	nghĩ ra 응이 자	생각해 내다.
nghỉ 응이	휴식	nghị án 응이 안	판결안
nghỉ đông 응이 동	겨울방학	nghị lực 응이 륵	힘, 정신력
nghỉ hè 응이 해	여름방학, 휴가	nghĩa 응이아	의미

nghĩa là 응이아 라	~라는 의미는	nghiệp 응이엡	사업
nghĩa quân 응이아 꿘	지원군	nghiệp dư 응이엡 즈	아마추어
nghịch 응익	장난의	nghiệp vụ 응이엡 부	(전문적인)업무
nghiêm cấm 응이엠 껌	엄금하다.	nghìn 응인	천(숫자)
Nghiêm quá! 응이엠 꽈	엄격하군요.	ngõ 응오	골목
nghiêm trọng 응이엠 쫑	엄중한	ngoài 응와이	밖
nghiên cứu 응이엔 끄	연구하다.	ngoài mặt 응와이 맛	외관
nghiện 응이엔	중독되다.	ngoài nước 응와이 느억	외국의
nghiện rượu 응이엔 즈어우	알코올중독	ngoài ra 응와이 자	게다가
nghiêng 응이엥	경사진	ngoại 응와이	외(과), 수입한

nghiên cứu sinh 대학원(의)
응이엔 끄 씽

ngó 쳐다보다. ~로 향해있다.
응오

250

ngoại động từ 응와이 동 뜨	타동사	ngóc ngách 응옥 응악	구부러진 길
ngoại giao 응와이 쟈오	외교	ngọc 응옥	옥(보석)
ngoại ngữ 응와이 응으	외국어	ngòi bút 응오이 붓	펜
ngoại ô 응와이 오	교외	ngon 응온	맛이 좋은
ngoại tệ 응와이 떼	외화	ngon miệng 응온 미응	잘 먹다.
ngoại thành 응와이 타잉	교외	ngón chân 응온 쩐	발가락
ngoại thương 응와이 트엉	대외무역	ngón tay 응온 따이	손가락
ngoại trừ 응와이 쯔	비거주의	ngọn 응온	정상(꼭대기)
ngoại xâm 응와이 썸	외침(침략)	ngót 응옷	감퇴하다.
ngoan 응완	(어린이에게)착한	ngọt 응옷	달다.(맛)

    Ngoan quá.　　　　　　　　　(아기에게)착하네.
    응완 꽈

    ngon lành　　　　　　　　　맛있는, (일이)잘되는
    응온 라잉

Ngọt quá. 응옷 퐈	달아요.(맛)	ngồi 응오이	앉다.
ngô 응오	옥수수	ngôn ngữ 응온 응으	언어
ngộ độc thức ăn 응오 독 특 안	식중독	Ngôn ngữ học 응온 응으 혹	언어학
ngốc 응옥	어리석은	ngỗng 응옹	거위
ngôi chùa 응오이 쭈어	사원(절)	ngờ 응어	상상하다.
ngôi nhà 응오이 냐	집	ngu 응우	어리석은
ngôi sao 응오이 싸오	스타(인물)	ngu ngốc 응우 응옥	어리석은
ngôi thứ nhất 응오이 트 녓	일인칭	ngủ 응우	자다.
ngôi vua 응오이 부어	왕위	ngủ dậy 응우 저이	잠에서 깨다.

ngô nướng 응오 느엉	응오 느엉(구운 옥수수)
ngôn ngữ chuẩn 응온 응으 쭈언	표준어
người / 10 người 응어이 / 므어이 응어이	사람, 명 / 10명

베트남어	한국어
ngủ dậy muộn 응우 저이 무온	늦잠자다.
ngủ ngon 응우 응온	푹 자다.
ngủ quên 응우 꾸엔	잊고 자버리다.
ngủ trưa 응우 쯔어	낮잠 자다.
ngụm 응움	한 입의
nguội 응우오이	식은
nguồn 응우온	근원
nguồn gốc 응우온 곡	원천
nguồn nước 응우온 느억	원천
nguy cơ 응위 꺼	위기
nguy hiểm 응위 히엠	위험한
nguyên 응우엔	미발굴의, 원고
nguyên âm 응우엔 엄	원음
nguyên đán 응우엔 단	설
nguyên liệu 응우엔 리에우	원료
nguyên nhân 응우엔 년	원인
nguyên thủy 응우엔 투이	원시의
nguyễn 응위엔	인명
nguyện vọng 응우엔 봉	소원
ngư dân 응으 전	어민
ngư nghiệp 응으 응이엡	어업
ngữ âm 응으 엄	음성(학)의
ngữ khí 응으 키	말투
ngữ pháp 응으 팝	문법

ngứa 응으어	가렵다.	ngược lại 응으억 라이	거꾸로
ngứa mắt 응으어 맛	눈에 거슬리는	người bệnh 응어이 버익	환자
ngứa tai 응으어 따이	귀에 거슬리는	người cha 응어이 짜	아버지
ngựa 응으어	말(동물)	người chứng kiến 응어이 쯩 끼엔	목격자
ngực 응윽	가슴	người con 응어이 꼰	자식
ngửi 응으이	냄새 맡다.	người da đen 응어이 자 댄	흑인
ngưng 응응	그만두다.	người dân 응어이 전	시민
ngược 응으억	반대의, 거스르다.	người dùng 응어이 중	사용자
ngược dòng 응으억 종	역류	người đại biểu 응어이 다이 비에우	대표자
ngược đời 응으억 더이	보통과 다른	người đàn bà 응어이 단 바	숙녀

người ăn / 3 người ăn 응어이 안 / 바 응어이 안	인분 / 삼 인분
người giúp việc 응어이 줍 비엑	가사도우미

người đàn ông 신사(남자) 응어이 단 옹	người lạ 모르는 사람 응어이 라
người đầu bếp 주방장 응어이 더우 벱	người lái xe 운전사 응어이 라이 쌔
người đẹp 아름다운 사람 응어이 댑	người làm 인부 응어이 람
người đi bộ 보행자 응어이 디 보	người lao động 노동자 응어이 라오 동
người đời 세인 응어이 더이	người lớn 어른 응어이 런
người đưa thư 우체부 응어이 드어 트	người mẫu 모델(사람) 응어이 머우
người già 노인 응어이 자	người nhận 수신인 응어이 년
người Hàn Quốc 한국사람 응어이 한 꿕	người nước ngoài 외국인 응어이 느억 응와이
người hâm mộ 팬(애호가) 응어이 험 모	người ốm 환자 응어이 옴
người phiên dịch 응어이 피엔 직	통역(사람)
người ta nói 응어이 따 노이	사람들이 말하기를
người Việt Nam 응어이 비엣 남	베트남사람

người ở 응어이 어	하인	ngưỡng mộ 응으엉 모	~에 감탄하다.
người phụ trách 응어이 푸 짜익	책임자	Nha Trang 냐 짱	냐 짱(도시명)
người phục vụ 응어이 푹 부	종업원	nhà 냐	집
người quản lý 응어이 꽌 리	관리자	nhà ăn 냐 안	식당
người ta 응어이 따	그들은	nhà bảo tàng 냐 바오 땅	박물관
người thân 응어이 턴	친한 사람	nhà báo 냐 바오	기자
người thợ 응어이 터	기술자	nhà bếp 냐 벱	부엌
người tiêu dùng 응어이 띠에우 중	소비자	nhà chính trị 냐 찌잉 찌	정치인
người tuyết 응어이 뚜엣	눈사람	nhà chuyên môn 냐 쭈엔 몬	전문가
người xưa 응어이 쓰어	조상	nhà cửa 냐 끄어	건물
người yêu 응어이 이에우	애인	nhà doanh nghiệp 냐 좌잉 응이엡	기업가
nhà cửa khan hiếm 냐 끄어 칸 히엠			주택난

베트남어	한국어
nhà du hành vũ trụ 냐 주 하잉 부 쭈	우주인
nhà đám 냐 담	상갓집
nhà đầu tư 냐 더우 뜨	투자자
nhà để xe 냐 데 쌔	차고
nhà ga 냐 갸	철도역
nhà gái 냐 가이	신부 측
nhà giáo 냐 쟈오	교사
nhà hàng 냐 항	음식점
nhà hát 냐 핫	극장
nhà hát lớn 냐 핫 런	대극장
nhà khách 냐 카익	게스트 하우스
nhà khoa học 냐 콰 혹	과학자
nhà kinh doanh 냐 끼잉 좌잉	경영가
nhà kinh tế học 냐 끼잉 떼 혹	경제학자
nhà máy 냐 마이	공장
nhà ngoại giao 냐 응와이 쟈오	외교관
nhà nước 냐 느억	행정부, 국가
nhà ở 냐 어	주택
nhà riêng 냐 지응	개인주택
nhà sàn 냐 싼	바닥이 높은 집
nhà sản xuất 냐 싼 쑤엇	프로듀서
nhà sử học 냐 쓰 혹	사학자
nhà nước phân phối 냐 느억 펀 포이	나라에서 배분하다.

nhà thờ 냐 터	교회	nhà vô địch 냐 보 딕	승자
nhà toán học 냐 또안 혹	수학자	nhà vua 냐 부어	조정(옛정부)
nhà tôi 냐 또이	배우자, 나의 집	nhà xe 냐 쌔	주차장
nhà trai 냐 짜이	신랑 측	nhà xuất bản 냐 쑤엇 반	출판사
nhà trẻ 냐 째	유아원	nhã nhặn 냐 냔	우아하다.
nhà trong 냐 쫑	안채	nhạc 낙	음악
nhà trường 냐 쯔엉	학교	nhạc cụ 낙 꾸	악기
nhà văn 냐 반	작가	nhạc khí 낙 키	악기
nhà văn hóa 냐 반 화	문화원	nhạc nhẹ 낙 내	경음악
nhà vật lý 냐 벗 리	물리학자	nhạc sĩ 낙 씨	음악가
nhà vệ sinh 냐 베 씽	화장실	nhạc viện 낙 비엔	음악학교

Nhà vệ sinh ở đâu?
냐 베 씽 어 더우   화장실이 어디예요?

nhai 냐이	씹다.	nhảy múa 냐이 무어	춤추다.
nhàn 냔	한가한	nhảy xa 냐이 싸	멀리뛰기
nhãn 냔	라벨	nhắc 낙	상기시키다.
nhanh 냐잉	빠르게	nhắc đến 낙 덴	상기하다.
nhanh chóng 냐잉 쫑	빠르게	nhắc lại 낙 라이	반복하다.
Nhanh lên. 냐잉 렌	빨리	nhằm 냠	겨냥하다.
nhanh nhẩu 냐잉 녀우	재빠른	nhắn 냔	메시지를 보내다.
nhanh nhẹn 냐잉 낸	경쾌한	nhặt 냣	줍다.
nhạt 냣	싱겁다.	nhấc 넉	들어 올리다.
nhau 냐우	서로	nhầm 념	틀린
nhảy giỏi 냐이 죠이	춤을 잘 추다.	Nhầm rồi. 념 조이	틀렸어.
nhanh gọn 냐잉 곤			빠르게 순서대로

nhân 년	늘리다. 사람	nhẫn 년	반지
nhân chứng 년 쯩	증인	nhẫn tâm 년 떰	야박하다.
nhân dân 년 전	국민	nhấn mạnh 년 마잉	강조하다.
nhân dịp 년 집	기회를 잡다.	nhận 년	받다.
nhân loại 년 라이	인류	nhận biết 년 비엣	인식하다. 알다.
nhân quả 년 꽈	원인과 결과	nhận định 년 딕	판가름하다.
nhân tạo 년 따오	사람이 만든	nhận lời 년 러이	동의하다.
nhân vật 년 벗	인물	nhận ra 년 자	알다. 인식하다.
nhân viên 년 비엔	사원(사람)	nhận thấy 년 터이	인식하다.
nhân viên nhà ga 년 비엔 냐 갸	역무원	nhận thức 년 특	인식하다.

nhảy
냐이
뛰다. (현대적인)춤추다.

nhấn phải chuột
년 파이 쭈옷
마우스 오른쪽 클릭하다. (전산)

nhận xét 넌 쌧	판단하다.	nhất là 녓 라	특히
nhập 녑	넣다. 수입	nhất quán 녓 꽌	일관된
nhập cảnh 녑 까잉	입국하다.	nhất thiết 녓 티엣	반드시
nhập cuộc 녑 꾸옥	참가하다.	nhất trí 녓 찌	일치하다.
nhập cư 녑 끄	이민하다.	Nhật 녓	일본
nhập khẩu 녑 커우	수입하다.	Nhật Bản 녓 반	일본
nhập ngũ 녑 응우	입대하다.	nhẹ 내	가벼운
nhất 녓	첫째, (최상급)가장	nhễ nhại 네 냐이	줄줄 흐르는

nhận điện thoại 　　　　　　　　　전화를 받다.
년 디엔 토와이

nhập gia tùy tục 　　　　　로마에 가면 로마법을 따라야한다.
녑 쟈 뛰 뚝

nhất định 　　　　　　　　　　결정하다. 꼭~하다.
녓 딕

. nhé 　　　　　　　　　　　권유 할 때 어미에 붙이는 말
내

nhì 니	두 번째	nhiều 니에우	많은
nhỉ 니	~이겠지요?	nhiều chuyện 니에우 쭈엔	수다스러운
nhiễm 니엠	감염되다.	nhiều loại 니에우 라이	여러 가지
nhiệm 니엠	숨겨진, 맡기다.	nhiều lúc 니에우 룩	자주
nhiệm vụ 니엠 부	임무	nhiều nơi 니에우 너이	많은 곳
nhiên liệu 니엔 리에우	연료	nhìn 닌	바라보다.
nhiệt độ 니엣 도	온도	Nhìn kìa. 닌 끼아	저것 봐.
nhiệt tình 니엣 띵	열정	nhìn thấy 닌 터이	보다.

nhẹ nhàng
녜 냥　　　　　　　　　　　　　　　　가벼운, 홀가분한

nhiệt độ cao nhất
니엣 도 까오 녓　　　　　　　　　　　　최고기온

nhiệt độ thấp nhất
니엣 도 텁 녓　　　　　　　　　　　　　최저기온

nhiệt độ trung bình
니엣 도 쭝 비잉　　　　　　　　　　　　평균기온

nhịn 닌	억제하다.	nhỏ bé 뇨 배	조그마한
nhịn ăn 닌 안	단식하다.	nhỏ hẹp 뇨 햅	좁은(마음)
nhịn đói 닌 도이	배고픔을 참다.	nhỏ hơn 뇨 헌	더 작은
nhịp 닙	박자	nhọc 녹	몸이 나른한
nho 뇨	포도, 유학자	nhóm 뇸	동아리, (불)태우다
nho giáo 뇨 쟈오	유교	nhóm nhạc 뇸 낙	그룹(가수)
nho sĩ 뇨 씨	유학자	nhọn 논	뾰족한
nhỏ 뇨	작은	nhọt 놋	종기

nhiều thay đổi 니에우 타이 도이	획기적으로 바꾸다.
nhiều thứ nữa 니에우 트 느어	더 많이 있다.
nhỏ thuốc mắt 뇨 투억 맛	안약을 넣다.
nhuộm răng 뉴옴 장	이를 물들이다.

nhổ răng 뇨 장	이를 뽑다.	nhợt nhạt 녓 낫	창백하다.
nhộn nhịp 뇬 닙	시끄러운, 바쁜	nhu cầu 뉴 꺼우	수요
nhốt 놋	감금하다.	nhuộm 뉴옴	물들이다.
nhờ 녀	요청하다.	như 느	~와 같은
nhờ có 녀 꼬	~에게 사례하다.	như là 느 라	마치~처럼
nhỡ 녀	적당한	như nhau 느 나우	비슷한
nhớ 녀	생각해내다. 기억하다.	như sau 느 싸우	다음과 같은
nhớ đến 녀 덴	기억하다.	như thế 느 테	그처럼
nhớ lại 녀 라이	회상하다.	như thế kia 느 테 끼아	그렇게
nhớ nhà 녀 냐	향수병에 걸리다.	như thế nào 느 테 나오	어떻게
nhớ ra 녀 자	기억해내다.	như thế này 느 테 나이	이렇게
như không 느 콩		아무렇지도 않게 생각하는	

như trên 느 쩬	위와 같은	những người 능 응어이	사람들
như vậy 느 버이	그처럼	nhượng bộ 느엉 보	양보하다.
như ý 느 이	원하는 대로	niềm 니염	감정
nhức 늑	통증을 느끼다.	niềm vui 니염 부이	기쁨
nhức đầu 늑 더우	두통	niên 니엔	연(해)
nhưng 능	그러나	ninh 니잉	오래 끓이다.
nhưng mà 능 마	그런데	no 노	배부르다.
những ai 능 아이	누구나	No quá. 노 꽈	배불러.
những năm 능 남	여러 해	nó 노	그(는), 그것은
những ngày 능 응아이	며칠	nọ 노	지난

Nhưng rất may mắn   그래도 정말 다행이야.
능 젓 마이 만

nhưng thành thật mà nói   솔직히 말하자면
능 타잉 텃 마 노이

nói 노이	말하다.	Nói đúng. 노이 둥	맞는 말이다.
nói 1 cách khác 노이 못 까익 칵	어찌됐건	nói gì? 노이 지	무슨 말이야?
nói bất ngờ 노이 벗 응어	갑자기 말하다.	nói khoác 노이 콱	허풍떨다.
nói cho biết 노이 쪼 비엣	일깨우다.	nói không 노이 콩	모함하다.
nói chung 노이 쭝	일반적으로	nói là 노이 라	소문의 의하면
nói chuyện 노이 쭈엔	이야기하다.	nói lên 노이 렌	표현하다.
nói dối 노이 조이	거짓말하다.	nói lớn lên 노이 런 렌	크게 말하다.
Nói đi. 노이 디	말해봐.	nói năng 노이 낭	말하다.(구어체)

những
능
복수를 나타내는 접두사

Ninh Bình
니잉 비잉
니잉 비잉(도시명)

nói chuyện bằng tiếng Anh
노이 쭈엔 방 띠응 아잉
영어로 이야기하다.

nói đến
노이 덴
~에 대하여 말하다.

nói phải 노이 파이	옳은 말을 하다.
nói ra 노이 자	말하다.
nói rằng 노이 장	말하기를
nói riêng 노이 지응	개인적으로는
nói rõ 노이 조	똑똑히 말하다.
nói sự thật 노이 쓰 텃	사실을 말하다.
nói thẳng 노이 탕	솔직하게 말하다.
nói thầm 노이 텀	속삭이다.
nói thật 노이 텃	진실을 말하다.
nói trước 노이 쯔억	미리 말하다.
Nói trước nhé. 노이 쯔억 내	미리 말해.
nói xấu 노이 써우	험담하다.
non 논	산, 젊은
nón 논	모자
nong 농	크고 납작한 광주리
nóng 농	뜨거운
nói khéo 노이 캐오	조심스럽게 말하다.
nói năng thoải mái 노이 낭 토아이 마이	반말로 얘기하다.
nói tiếng Việt rất thạo 노이 띠응 비엣 젓 타오	베트남어를 능숙하게 하다.
Nói về cái gì? 노이 베 까이 지	뭐에 대해 말하지?

nóng bức 농 븍	덥다. 열렬한	nỗi buồn 노이 부온	슬픔
Nóng quá. 농 꽈	뜨거워.	nỗi đau 노이 다우	아픔
nỗ lực 노 륵	노력	nỗi lo 노이 로	걱정
nôi 노이	요람	nối 노이	묶다.
nồi 노이	냄비	nội 노이	국내의, 내부
nổi 노이	(연예인등이)뜨다.	nội dung 노이 중	내용
nổi bật 노이 벗	유명한	nội địa 노이 디아	영토내
nổi lên 노이 렌	(물에)뜨다.	nội phản 노이 판	배반자
nổi tiếng 노이 띠응	유명한	nội thành 노이 타잉	시내(도시)
nỗi 노이	심경	nội trợ 노이 쩌	내조하다.
Nội Bài 노이 바이			노이바이 공항(하노이)
nội các chính phủ 노이 깍 찌잉 푸			정부관계자

nộm 놈	종이 인형	nở 너	피다.
nông 농	얕은, 농업의	nơi 너이	곳(장소)
nông dân 농 전	농민	nơi chốn 너이 쫀	장소
nông nghiệp 농 응이엡	농업	núc 눅	단단히 죄다.
nông sản 농 싼	농산물	núi 누이	산
nông thôn 농 톤	농촌	núi lửa 누이 르어	화산
nộp 놉	제출하다.	núi non 누이 논	산
nộp thuế 놉 투에	세금을 내다.	nung nấu 눙 너우	찌다.
nốt 놋	부스럼	nuôi 누오이	(아이, 동물)기르다.
nốt nhạc 놋 냑	음표	nữ 느	여성

nộp thuế quan
놉 투에 꽌
관세를 내다.

nộp tiền thuê nhà
놉 띠엔 투에 냐
월세를 내다.

nữ hoàng 느 황	여왕	nước chanh 느억 짜잉	레몬주스
nửa 느어	절반	nước chấm 느억 쩜	양념장
nửa cân 느어 껀	반 근	nước da 느억 자	혈색
nửa đêm 느어 뎀	한밤중	nước da đẹp 느억 자 댑	혈색이 좋다.
nữa 느어	더	nước da xấu 느억 자 써우	핏기가 없다.
nữa là 느어 라	~은 말할 것도 없고	nước dùng 느억 중	육수
nữa rồi 느어 조이	그러고 나서	nước hoa 느억 화	향수
nước 느억	물	nước khoáng 느억 쾅	생수
nước cam 느억 깜	오렌지 주스	nước lạnh 느억 라잇	냉수

nuôi dưỡng 누오이 즈엉	기르다. 가르치다.
nuôi tóc dài 누오이 똑 자이	머리를 기르다.
nuối tiếc 누오이 띠엑	유감으로 생각하다.

베트남어-한국어

nước mắt 느억 맛	눈물
nước ngoài 느억 응와이	외국
nước ngọt 느억 응옷	청량음료
nước nhà 느억 냐	국가
nước sôi 느억 쏘이	끓는 물
nước tiểu 느억 띠에우	소변
nước tương 느억 뜨엉	간장
nước uống 느억 우엉	음료수
nướng 느엉	굽다.

nửa tháng liền
느어 탕 리엔 … 보름동안 계속

nước đang phát triển
느억 당 팟 찌엔 … 개발도상국

nước đóng băng
느억 동 방 … 물이 얼다.

nước mắm
느억 맘 … 짠맛이 나는 소스

op

베트남어-한국어 단어장

베트남어-한국어

oan 오안	거짓의	ốc 옥	우렁(동물)
oanh 와잉	원앙새	ôi 오이	어!(감탄사)
oi bức 오이 북	무더운	ối 오이	앗!(감탄사), 많은
ok 오께	좋아.	ôm 옴	껴안다.
ong 옹	벌(곤충)	ốm 옴	아픈, 마르다.
óc 옥	뇌	ôn 온	점염병, 따뜻한
ô 오	우산	ôn tập 온 떱	복습하다.
ô nhiễm 오 니엠	더럽히다.	ồn ào 온 아오	시끄러운
ô tô buýt 오 또 뷧	버스	ổn định 온 딕	안정된
ồ 오	오, 와 (감탄)	ô cắm điện 오 깜 디엔	전기콘센트
ổ cứng 오 꽁	하드(전산HDD)	ông 옹	할아버지

Ôi, ngọt quá.　　　　　　　　　　　어우. 너무 달아.
오이, 응옷 꽈

ông bà 옹 바	할아버지와 할머니	ở đó 어 도	거기
ông chủ 옹 쭈	주인	ở gần nhà tôi 어 건 냐 또이	집근처에
ông cụ 옹 꾸	노인	ở lại 어 라이	머물다.(숙박)
ông già 옹 쟈	늙은 사람	ở mặt 어 맛	얼굴에
ông lão 옹 라오	늙은 사람	ở môn nào 어 몬 나오	어느 종목에서
ông ngoại 옹 응와이	외할아버지	ở ngoài 어 응와이	밖에
ông nội 옹 노이	친할아버지	ở nhà hàng 어 냐 항	음식점에는
ông ta 옹 따	그분	ở nước nào 어 느억 나오	어느 나라에서
ôtô 오또	차(교통)	ở quanh 어 꽈잉	주변에
ở 어	~에, ~에 살다.	ở tầng trên 어 떵 쩬	위층
ở đâu 어 더우	어디	ở trước mặt 어 쯔억 맛	정면에 있는

ở ngay trước mặt   바로 정면에 있는
어 응아이 쯔억 맛

베트남어	뜻	베트남어	뜻
ở vậy 어 버이	홀아비, 과부로 살다.	ơi là 어이 라	정말(강조)
ở Việt Nam 어 비엣 남	베트남에서	ơn 언	호의
ợ chua 어 쭈어	신물이 넘어오다.	ớt 엇	고추(야채)
ơi 어이	(호칭)~야	ớt tây 엇 떠이	피망

p

Pakixtan 빠끼스탄	파키스탄	phá 파	부수다. 방해하다.
pha 파	(차)라이트	phá hủy 파 휘	파괴하다.
pha chè 파 쨰	차를 준비하다.	phá sản 파 싼	파산
pha chế 파 쩨	준비하다.	phải 파이	~ 해야 한다. 오른쪽
pha lê 파 레	크리스털	phải biết 파이 비엣	강력한
pha trà 파 짜	차를 끓이다.	phải chăng 파이 짱	타당한

phải có 파이 꼬	있어야 하다.	phản bác 판 박	반박하다.
phải đi 파이 디	가야하다.	phản đối 판 도이	반대하다.
phải học 파이 혹	공부하다.	phản ứng 판 응	반응
phải không 파이 콩	그렇지?	phản ứng phụ 판 응 푸	부작용
phái 파이	대표로 보내다.	phán 판	판단하다.
phạm 팜	어기다. 지극히	Pháp 팝	프랑스
phạm lỗi 팜 로이	실수하다.	pháp luật 팝 루엇	**법률**
phạm vi 팜 비	범위	phát 팟	주다.
Phan Thiết 판 티엣(도시명) 판 티엣		phát âm 팟 엄	발음
phàn nàn 판 난	불평하다.	phát biểu 팟 비에우	발표하다.
phản ánh 판 아잉	반영하다.	phát đạt 팟 닷	발달하다.

phạm vi kinh doanh   경영범위
팜 비 끼잉 좌잉

phát hành 팟 하잉	발행하다.	phạt 팟	벌 받다.
phát hiện 팟 히엔	나타나다.	phăng 팡	카네이션
phát huy 팟 휘	발휘하다.	phẳng 팡	평탄한
phát minh 팟 미잉	발명하다.	phân 펀	비료, 나누다.
phát ra 팟 자	(신호를)보내다.	phân biệt 펀 비엣	차별하다.
phát sáng 팟 쌍	빛을 발하다.	phân bố 펀 보	나누다.
phát thanh 팟 타잉	방송하다.	phân cách 펀 까익	분리하다.
phát triển 팟 찌엔	발달하다.	phân tích 펀 떡	분석하다.
phát trực tiếp 팟 쯕 띠엡	생방송하다.	phân trần 펀 쩐	설명하다.

Phan Rang-Tháp Chàm　　　판 장 탑 짬(도시명)
판 장 탑 짬

Phát âm tiếng Việt khó.　　베트남어 발음이 어려워요.
팟 엄 띠응 비엣 코

phát thanh viên　　　　　　방송국 아나운서
팟 타잉 비엔

phần / 펀	부분, 성분	phất / 펏	휘날리다. 붙이다.
phần cuối / 펀 꾸오이	결말	phẫu thuật / 퍼우 투엇	수술
phần cứng / 펀 끙	하드웨어(전산)	phẩy / 퍼이	쉼표(,)
Phần Lan / 펀 란	핀란드	phép / 팹	법칙, 허가
phần nào / 펀 나오	어느 정도	phê bình / 페 비잉	비평하다.
phần thưởng / 펀 트엉	상금	phế / 페	상이군인
phần trăm / 펀 짬	퍼센트(%)	phế quản / 페 꽌	기관지
phấn khởi / 펀 커이	흥분하다.	phi thường / 피 트엉	보통이 아닌

phát triển mạnh / 팟 찌엔 마잉 — 활발하게 발전하다.

Phân biệt thế nào? / 펀 비엣 테 나오 — 어떻게 구분해요?

phần mềm / 펀 멤 — 소프트웨어(전산)

phẫu thuật thẩm mỹ / 퍼우 투엇 텀 미 — 성형수술

phí (피)	소비하다. 요금
phía (피아)	편(방향)
phía bắc (피아 박)	북쪽
phía nam (피아 남)	남쪽
phía sau (피아 싸우)	뒤쪽
phía trước (피아 쯔억)	앞쪽
phiếm định (피엠 딕)	평범한
phiên dịch (피엔 직)	통역하다.
phiếu (피에우)	표(설문)
phiếu gửi tiền (피에우 그이 띠엔)	예금통장
Philippin (필리삔)	필리핀
phim (핌)	영화
phim chưởng (핌 쯔엉)	무협영화
phim Hàn Quốc (핌 한 꿕)	한국영화
phim hành động (핌 하잉 동)	액션영화
phim kinh dị (핌 끼잉 지)	공포영화
phim tài liệu (핌 따이 리에우)	다큐멘터리
phim tình cảm (핌 띵 깜)	멜로영화
phím (핌)	자판, 건반
phình (피잉)	부풀다.
phó thủ tướng (포 투 뜨엉)	부수장
phó từ (포 뜨)	부사
phim hoạt hình (핌 홧 히잉)	애니메이션

phong 퐁	(편지)봉하다.	phòng bảo vệ 퐁 바오 베	경비실
phong bì 퐁 비	봉투	phòng chỉ dẫn 퐁 찌 전	안내소
phong cách 퐁 까익	스타일	phòng đôi 퐁 도이	더블룸
phong cảnh 퐁 까잉	풍경	phòng đợi 퐁 더이	대합실
phong cầm 퐁 껌	풍금	phòng đơn 퐁 던	싱글룸
phong phú 퐁 푸	풍부한	phòng họp 퐁 홉	회의실
phong tục 퐁 뚝	풍습	phòng khách 퐁 카익	거실
phòng 퐁	방	phòng khám 퐁 캄	진찰실
phòng ăn 퐁 안	접대실	phòng không 퐁 콩	방공

phim truyền hình — tv드라마
핌 쭈엔 히잉

phong cách Hàn Quốc — 한국적 방식
퐁 까익 한 꿕

phòng có hai giường — 트윈룸
퐁 꼬 하이 즈엉

베트남어	한국어
phòng ngủ / 퐁 응우	침실
phòng số / 퐁 쏘	방 번호
phòng tắm / 퐁 땀	욕실
phòng thí nghiệm / 퐁 티 응이엠	실험실
phòng tranh / 퐁 짜잉	미술관, 화랑
phỏng đoán / 퐁 도안	짐작
phỏng vấn / 퐁 번	면접
phóng / 퐁	던지다. 발사하다.
phóng sự / 퐁 쓰	뉴스기사
phóng viên / 퐁 비엔	통신원
photocopy / 포또까피	복사
phổ thông trung học / 포 통 쭝 혹	고등학교
phổ biến / 포 비엔	보편적이다.
phổ nhạc / 포 냑	악보를 만들다.
phổ thông / 포 통	보통의
phố / 포	작은 도로
phố phường / 포 프엉	거리
phối hợp / 포이 헙	결합시키다.
phông / 퐁	배경
phở / 퍼	쌀국수
phơi quần áo / 퍼이 꿘 아오	빨래를 널다.
phù chú / 푸 쭈	부적
phù hợp / 푸 헙	부합하다.

phù sa 푸 싸	충적토	phụ trách 푸 짜익	책임지다.
phủ định 푸 딕	부정하다.	phụ trợ 푸 쩌	돕다.
Phủ Lý 푸 리	푸 리(도시명)	phụ từ 푸 뜨	조동사
phú 푸	(재능)부여하다.	phúc 푹	행운
phú gia 푸 쟈	부잣집	phục 푹	매복하고 기다리다.
phụ 푸	보조의	phun 푼	배출하다.
phụ đề 푸 데	자막	phút 풋	분(시간)
phụ hệ 푸 헤	부계	phức tạp 푹 땁	복잡한
phụ huynh 푸 휘잉	학부모	phương án 프엉 안	묘안
phụ lão 푸 라오	노인	phương hướng 프엉 흐엉	방향
phụ nữ 푸 느	여성	phương ngôn 프엉 응온	사투리
phụ thuộc 푸 투억	부속	phương pháp 프엉 팝	방법

phương tây 서양의 프엉 떠이	pin 건전지 삔
phương tiện 수단 프엉 띠엔	Pleiku 플래이꾸(도시명) 플래이꾸
phường 무리, (도시의)구 프엉	pô 노출(사진기) 포

phục viên
푹 비엔
군대에서 제대시키다.

phục vụ
푹 부
서빙하다. 서비스하다.(전산)

phúng viếng
풍 비응
제물을 바치다.

phương tiện gì?
프엉 띠엔 지
뭘 탈건데?

phương tiện giao thông
프엉 띠엔 쟈오 통
교통수단

q

베트남어-한국어 단어장

qua 꽈	통과하다.	quá 꽈	초과하다.
qua đời 꽈 더이	사망하다.	quá cảnh 꽈 까잉	국경을 통과하다.
qua hải quan 꽈 하이 꽌	통관하다.	quá đáng 꽈 당	지나친
qua sông 꽈 쏭	강을 가로지르다.	quá hạn 꽈 한	한계를 넘어서다.
quà 꽈	선물	quá khứ 꽈 크	과거
quà tặng 꽈 땅	증정품	quá mức 꽈 믁	(정도가)지나치다.
quả 꽈	과일	quá sức 꽈 쓱	능력
quả là 꽈 라	과연	quá thể 꽈 테	지나친
quả thật 꽈 텃	정말로, 결과	quá trọng lượng 꽈 쫑 르엉	중량초과

qua ngày 꽈 응아이	시간을 헛되이 하다.
quá trình 꽈 찌잉	과정, 프로세스(전산)
quá tiêu chuẩn 꽈 띠에우 쭈언	규정을 초과하다.

quạ 꽈	까마귀	quán 꽌	가게
quan điểm 꽌 디엠	관점	quán ăn 꽌 안	음식점
quan hệ 꽌 헤	관계	quán chát 꽌 짯	pc방
quan hệ gia đình 꽌 헤 쟈 딩	가족관계	quán cơm 꽌 껌	식당
quan họ 꽌 호	사랑의 이중주	quán karaoke 꽌 까라오께	노래방
quan niệm 꽌 니엠	관념	quán nước 꽌 느억	간이술집
quan sát 꽌 쌋	관찰하다.	quán rượu 꽌 즈어우	바(술집)
quan tâm 꽌 떰	관심을 갖다.	quang 꽝	하늘의
quan thuế 꽌 투에	관세	quang cảnh 꽝 까잉	경치
quan trọng 꽌 쫑	중요한	quang đãng 꽝 당	(날씨)맑은
quản lý 꽌 리	관리하다. 경영하다.	quàng 꽝	어깨에 걸치다.
quan hệ đối tác 꽌 헤 도이 딱			동반자 관계

베트남어	한국어
quàng khăn 꽝 칸	목도리를 하다.
quảng cáo 꽝 까오	광고
Quảng Châu 꽝 쩌우	광쩌우
quảng trường 꽝 쯔엉	광장
quãng đường 꽝 드엉	거리
quanh 꽈잉	주위의
quạt 꽛	선풍기
quạt máy 꽛 마이	선풍기
quạt trần 꽛 쩐	천정팬
quay 꽈이	돌다.
Quảng Ngãi 꽝 아이	꽝 아이(도시명)
quay phim 꽈이 핌	영화를 촬영하다.
quay lại 꽈이 라이	되돌아가다.
quay số 꽈이 쏘	전화를 걸다.
quắt 꽛	주름이 지다.
quân 꿘	군대
quân đội 꿘 도이	군대
quân lính 꿘 리잉	군사
quân thần 꿘 턴	군신
quân y 꿘 이	의무군
quần 꿘	바지
quần áo 꿘 아오	옷

quần bò 꿘 보	청바지	quầy 꿔이	창구, 계산대
quần chúng 꿘 쭝	군중	quầy thu ngân 꿔이 투 응언	계산대
quần lót 꿘 롯	팬티	quen biết 꾸앤 비엣	알고 지내다.
quần vợt 꿘 벗	테니스	quen thuộc 꾸앤 투억	잘 아는
quấn 꿘	휘감다.	quét 꿧	쓸다.
quận 꿘	(행정단위)군	quét dọn 꿧 존	청소하다.
quật 꿧	파내다.	quê 꿰	고향
quây quần 꿔이 꿘	모이다.	quê hương 꿰 흐엉	고향

Quần áo chưa khô.
꿘 아오 쯔어 코

빨래가 안 말라요.

quẩy
꿔이

꿔이(쌀국수와 같이 먹는 튀김)

quen
꾸앤

사귀다. (문화등이)익숙한

Quê chị ở đâu?
꿰 찌 어 더우

고향이 어디세요?

quê quán 꿰 꽌	출생지, 본적.	quốc tử 꿱 뜨	(나라의)인재
quên 꾸엔	잊다.	Quốc Tử Giám 꿱 뜨 잠	국자감
quốc dân 꿱 전	국민	quy định 뀌 딕	규정하다.
quốc doanh 꿱 좌잉	국영	quy hoạch 뀌 화익	계획하다.
quốc gia 꿱 쟈	국립, 국립	Quy Nhơn 뀌 년	뀌 년(도시명)
quốc học 꿱 혹	자국의 문화	quỹ 뀌	금고, 기금
quốc hội 꿱 호이	국회	quý 뀌	존중하다.
quốc khánh 꿱 카잉	경축일	quý giá 뀌 쟈	가치 있는
quốc lễ 꿱 레	국경일	quý hóa 뀌 화	귀중한 상품
quốc sách 꿱 싸익	국책	quý khách 뀌 카익	귀빈
quốc tế 꿱 떼	국제	quý tử 뀌 뜨	아들
quốc tịch 꿱 띡	국적	quyền 꾸엔	권한

quyền lợi 꾸엔 러이	권리	quyết định 꾸엣 딕	결정하다.
quyền lực 꾸엔 륵	권력	quyết liệt 꾸엣 리엣	격렬한
quyền tác giả 꾸엔 딱 쟈	권한	quyết tâm 꾸엣 떰	결심하다.
quyển sách 꾸엔 싸익	책	quýt 꿪	귤
quyết 꾸엣	결정하다.		

quyển / 3 quyển sách　　　　　　　　　권 / 세권
꾸엔 / 바 꾸엔 싸익

r

베트남어-한국어 넘어감

베트남어	한국어
ra 자	~로 나가다.
ra đi 자 디	떠나다.
ra đời 자 더이	태어나다.
ra khỏi 자 코이	~로부터 나가다.
ra lệnh 자 레잉	명령하다.
ra sao 자 싸오	어떻게
ra vào 자 바오	들락날락하다.
ra vẻ 자 배	~인 체하다.
rạ 자	볏짚
Rạch Giá 자익 쟈	자익 쟈(도시명)
rán 잔	튀기다.
rạn nứt 잔 늣	부수다.
rành 자잉	명료한
rành về 자잉 베	(소문을)파고들다.
rảnh 자잉	한가한, 자유롭게 되다.
rao 자오	큰소리로 알리다.
rạp 잡	극장
rạp chiếu bóng 잡 찌에우 봉	극장
rạp chiếu phim 잡 찌에우 핌	극장
rạp xiếc 잡 씨엑	서커스
rau 자우	채소
rau bí 자우 비	호박잎
rau bina 자우 비나	시금치
rau sống 자우 쏭	생야채

rau thơm 자우 텀	향채(야채)	râu quai nón 저우 꽈이 논	구레나룻
rắc rối 작 조이	복잡한	rè 재	목이 갈라진
Rắc rối lắm. 작 조이 람	복잡해.	rẻ 재	값이 싼
rằm 잠	보름달	rẻ hơn 재 헌	좀 더 싼
rắn 잔	뱀	rẽ 재	(방향)꺾어지다.
răng 장	이(치아)	rẽ phải 재 파이	우회전하다.
răng giả 장 쟈	틀니	rẽ tay phải 재 따이 파이	우회전하다.
rằng 장	~라고	rẽ trái 재 짜이	좌회전하다.
rầm rộ 점 조	들끓다. 시끄럽게	rèm cửa 잼 끄어	커튼
rất 젓	매우	reo 재오	파업하다.
râu 저우	턱수염	reo hò 재오 호	함성을 지르다.
râu mép 저우 맵	콧수염	rét 잿	추운

rết 젯	지네	rót 좃	(액체)따르다.
rêu 제우	이끼	rổ 조	광주리
ria 지아	콧수염	rồi 조이	이미~했다.
riêng 지응	따로	rồi 조이	한가한
riêng biệt 지응 비엣	독립해서	rối 조이	흐트러진
rìu 지우	도끼	rối nước 조이 느억	수상인형극
rõ 조	명확한	rộn rã 존 자	떠들썩한
rõ ràng 조 장	명확한	rồng 종	용(동물)
rõ ràng là 조 장 라	~은 명확하다.	rộng 종	(옷이)헐거운
rõ rệt 조 젯	분명한	rộng lớn 종 런	넓은
Rõ rồi. 조 조이	잘 알겠어.	rộng rãi 종 자이	넓다.
roi 조이	회초리	rơi 저이	(바닥)흘리다.

rơi xuống 저이 쑤엉	떨어지다.	rút 줏	뽑아내다.
rời 저이	떨어지다.	rút ra 줏 자	뽑다.
rời khỏi 저이 코이	떠나다.	rút thăm 줏 탐	제비를 뽑다.
rơm 점	볏짚	rút tiền 줏 띠엔	돈을 인출하다.
rủ 주	유혹하다.	rửa 즈어	씻다. 현상하다.
rủ rê 주 제	유혹하다.	rực rỡ 즉 저	찬란한
rùa 주어	거북이	rừng 증	산림
rủi ro 주이 조	고비	rừng núi 증 누이	산림
ruộng đất 주옹 덧	경지	rừng rậm 증 점	울창한 숲
ruột 주옷	장(신체)	rước 즈억	접대하다. 공손한 말

rau muống
자우 무옹

시금치 비슷한 야채

rưỡi / 1 giờ rưỡi
즈어이 / 못 져 즈어이

반 / 한시 반

rượt 즈엇	추적하다.	rượu vang 즈어우 방	와인
rượu 즈어우	술		

rút dây điện ra
줏 저이 디엔 자

전선을 뽑다.

Rượu nặng quá.
즈어우 낭 꽈

술 도수가 세요.

S

베트남어-한국어 단어장

베트남어	한국어
sa lát 싸 랏	샐러드
sa thải 싸 타이	해고
sạc điện 싹 디엔	충전하다.
sách 싸익	책
sách báo 싸익 바오	책과 신문
sách học 싸익 혹	교과서
sách hướng dẫn 싸익 흐엉 전	안내책자
sách vở 싸익 버	책
sạch 싸익	깨끗한
sạch sẽ 싸익 쌔	깨끗이
sai 싸이	틀린, 명령하다.
sai lầm 싸이 럼	실수하다.
sai trái 싸이 짜이	잘못하다.
sam 쌈	참게
sàn 싼	바닥
sản 싼	출산하다. 산출하다.
sản lượng 싼 르엉	산출량
sản mẫu 싼 머우	산모
sản phẩm 싼 펌	생산물
sản vật 싼 벗	생산물
sản xuất 싼 쑤엇	생산하다.
sang 쌍	귀족적인, ~으로
sản xuất lụa 싼 쑤엇 루어	실크를 생산하다.

베트남어	발음	뜻
sang đường	쌍 드엉	길을 건너다.
sang năm	쌍 남	내년
sang trái	쌍 짜이	왼쪽으로
sang trọng	쌍 쫑	고급스런
sàng	쌍	키(도구)
sảng khoái	쌍 코아이	상쾌한
sáng	쌍	밝은
sáng kiến	쌍 끼엔	발의하다.
sáng lập	쌍 럽	설립하다.
sáng mai	쌍 마이	내일 아침
sáng sớm	쌍 썸	새벽
sang Việt Nam	쌍 비엣 남	베트남에 오다.
sáng sủa	쌍 쑤어	빛이 충만한
sáng tác	쌍 딱	만들다.
sáng tạo	쌍 따오	창조하다.
sánh	싸잉	비교하다. 끈기가 있는
sao	싸오	왜, 볶다.
sao cho	싸오 쪼	어떻게든
sáo	싸오	새의 하나, 차양
sát	쌋	근접한
sát cánh	쌋 까잉	나란히
sau	싸우	나중에
sau đây	싸우 더이	이하의

sau đó 싸우 도	그 후에	say tàu xe 싸이 따우 쌔	멀미하다.
sau khi 싸우 키	~한 후에	sắc 싹	매력
sau này 싸우 나이	나중에	sắc lệnh 싹 레잉	칙령
sáu 싸우	6	sắc thái 싹 타이	뉘앙스
sáu mươi 싸우 므어이	60	săn bắn 싼 반	사냥하다.
say 싸이	취하다.	săn bắt 싼 밧	추적하다.
say máy bay 싸이 마이 바이	비행기멀미	sẵn 싼	준비하다.
Say rồi. 싸이 조이	취했어.	sẵn có 싼 꼬	이용할 수 있는
say rượu 싸이 즈어우	술 취한	sẵn sàng 싼 쌍	준비하다.
say sưa 싸이 쓰어	주독에 빠진	sắn 싼	옻나무

sành 싸잉	도자기 종류, ~에 정통한
Sao chị biết? 싸오 찌 비엣	어떻게 알았어요?

sắp 쌉	막 ~하려하다.	sân bay nội địa 썬 바이 노이 디아	국내공항
sắp trở thành 쌉 쩌 타잉	곧 ~되다.	sân bay quốc tế 썬 바이 꿕 떼	국제공항
sắp xếp 쌉 쎕	정리하다.	sân cỏ 썬 꼬	축구장
sắt 쌋	철(금속)	sân khấu 썬 커우	무대(연극)
sâm 썸	인삼	sân phơi 썬 퍼이	건조대
sấm 썸	천둥	sân thượng 썬 트엉	테라스
sân 썬	마당	sân trượt tuyết 썬 쯔엇 뚜엣	스키장
sân bay 썬 바이	공항	sập 썹	무너지다.

Sao lại thế cơ chứ?
싸오 라이 테 꺼 쯔 — 왜 그럴지?

sau khi làm xong
싸우 키 람 쏭 — 일이 끝나고

say mê
싸이 메 — (마니아처럼)좋아하다.

Sắp đến rồi.
쌉 덴 조이 — 곧 도착 할 거야.

베트남어	한국어	베트남어	한국어
sâu 써우	(이)썩다.	séc cá nhân 쌕 까 년	개인수표
sâu răng 써우 장	이가 썩다.	séc du lịch 쌕 주 릭	여행자수표
sâu sắc 써우 싹	깊이	sém 쌤	누룽지
sầu riêng 써우 지응	두리안(과일)	sen 쌘	연꽃(베트남국화)
sấy tóc 써이 똑	(머리)드라이하다.	sẹo 쌔오	상처
se lạnh 쌔 라잇	서늘한	sên 쌘	달팽이
sẽ 쌔	~할 것이다.	sĩ quan 씨 꽌	장교
sẽ có 쌔 꼬	~하게 될 것이다.	siêu thị 씨에우 티	슈퍼마켓
Sẽ có mưa. 쌔 꼬 므어	비올거야.	siêu tốc 씨에우 똑	빠른 속도로
sẽ vui 쌔 부이	재미있을 것이다.	sinh 씨잉	태어나다.
séc 쌕	수표	sinh đôi 씨잉 도이	쌍둥이의
sầm uất 썸 우엇			바쁜, 울창하게 자란

sinh động 씨잉 동	사실적인	sính 씨잉	~에 미친
sinh hoạt 씨잉 홧	생활	so sánh 쏘 싸잉	비교하다.
sinh nhật 씨잉 녓	생일	so với 쏘 버이	~와 비교하여
sinh ra 씨잉 자	발생하다.	sò huyết 쏘 휘엣	굴(해산물)
sinh sản 씨잉 싼	낳다.	sóc 쏙	다람쥐, (음력)1일
sinh sôi 씨잉 쏘이	번식하다.	Sóc Trăng 쏙 짱	쏙 짱(도시명)
sinh sống 씨잉 쏭	생활, 생계	son 썬	립스틱
sinh tố 씨잉 또	생과일주스	sóng 쏭	파도
sinh vật 씨잉 벗	생물	sóng vỗ 쏭 보	파도
sinh vật học 씨잉 벗 혹	생물학	sô-cô-la 쏘꼴라	초콜렛
sinh viên 씨잉 비엔	학생	sồ 쏘	부피가 큰
sân vận động 썬 번 동			운동장, 경기장

sổ 쏘	수첩	số phận 쏘 펀	운명
sổ mũi 쏘 무이	콧물이 나다.	số thành 쏘 타잉	결과
số 쏘	숫자	số thứ 쏘 트	숫자, 순서
số đen 쏘 댄	운이 없는	số tiền còn 쏘 띠엔 꼰	잔고
số điện thoại 쏘 디엔 토와이	전화번호	số tiền đầu tư 쏘 띠엔 더우 뜨	투자액
số đỏ 쏘 도	운이 좋다.	số từ 쏘 뜨	수사(숫자)
số lãi 쏘 라이	이윤	sốc 쏙	쇼크
số liệu 쏘 리에우	데이터	sôi 쏘이	끓이다.
số lượng 쏘 르엉	수량	sôi động 쏘이 동	다사다난한
số mạng 쏘 망	운명	sôi nổi 쏘이 노이	감격
số người 쏘 응어이	인구수	sông 쏭	강
số nhiều 쏘 니에우	복수(단위)	sông Hồng 쏭 홍	홍강

sông Mê Công 쏭 메 꽁	메콩강	sở dĩ 써 지	만일
sống 쏭	살다.	sở giao dịch 써 쟈오 직	거래소
sống chết 쏭 쩻	삶과 죽음	sở hữu 써 흐	소유
sống còn 쏭 꼰	생존하다.	sở kiểm dịch 써 끼엠 직	검역소
sống động 쏭 동	행동감있는	sở thích 써 틱	취미
sốt 쏫	열이 있는	sở thú 써 투	동물원
sốt dẻo 쏫 재오	새로운	sở thuộc 써 투억	소속된
sơ đồ 써 도	약도	sở trường 써 쯔엉	장점
sơ lược 써 르억	소홀히	sở y tế 써 이 떼	보건소
sơ qua 써 꽈	건성으로	sợ 써	두려워하다.
sơ tán 써 딴	이동시키다.	sợ hãi 써 하이	놀라다.
sở 써	부서	sợi chỉ 써이 찌	실

sợi dây chuyền 쎠이 저이 쭈옌	목걸이	súp 쑵	베어내다. 수프
sớm 썸	일찍	sụp đổ 쑵 도	멸망하다.
sơn 썬	칠(미술), 페인트	sút 쑷	감소하다.
Sơn La 썬 라	썬 라(도시명)	suy nghĩ 쑤이 응이	숙고하다.
sơn mài 썬 마이	옻칠한 공예품	suýt 쉿	거의
sơn móng tay 썬 몽 따이	매니큐어	suýt nữa 쉿 느어	하마터면
sung sướng 쑹 쓰엉	행복한	sư 쓰	법사, 스님
sùng bái 쑹 바이	숭배하다.	sư phạm 쓰 팜	교육대학
suối 쑤오이	샘	sư tử 쓰 뜨	사자(동물)
suốt 쑤옷	내내	sử 쓰	역사
suốt đời 쑤옷 더이	일생동안	sử dụng 쓰 중	사용하다.
so với ở Hàn Quốc 쏘 버이 어 한 꿕		한국과 비교해보면	

sử học 쓰 혹	사학	sự việc 쓰 비엑	일(사건)
sứ giả 쓰 쟈	사절	sửa 쓰어	수리하다.
sứ quán 쓰 꽌	대사관	sửa chữa 쓰어 쯔어	수리하다.
sự 쓰	일(사건)	sửa lại 쓰어 라이	고치다.
sự chú ý 쓰 쭈 이	주의	sữa 쓰어	우유
sự cố 쓰 꼬	사고	sữa chua 쓰어 쭈어	요구르트
sự kiện 쓰 끼엔	사건	sữa đặc 쓰어 닥	연유
sự nghiệp 쓰 응이엡	사업	sữa nguyên chất 쓰어 응우엔 쩟	흰 우유
sự thật 쓰 텃	사실	sữa tắm 쓰어 땀	바디클린져
sự tích 쓰 띡	사건	sức 쓱	장식하다. 힘
sự vật 쓰 벗	사물	sức khỏe 쓱 쾌	건강

Sống hạnh phúc đi. 행복하게 살아.
쏭 하잉 푹 디

sức lao động 쓱 라오 동	노동력	sương mù 쓰엉 무	안개
sức lực 쓱 륵	힘(물리)	sướng 쓰엉	운이 좋다.
sức mạnh 쓱 마잉	힘(체력)	sưu tầm 쓰 떰	수집하다.
sưng 쑹	부어 오른	sưu tập 쓰 떱	수집하다.
sương 쓰엉	안개, 이슬		

suốt một ngày 하루종일
쑤옷 못 응아이

sửa sang 수선하다. 정돈하다.
쓰어 쌍

sưởi (난방으로)따뜻하게 하다.
쓰어이

sương mù dày đặc. 안개가 짙다.
쓰엉 무 자이 닥

Sướng thật đấy. 정말 잘됐다.
쓰엉 텃 더이

t

베트남어-한국어 단어장

tác dụng 딱 중	역할	tai nạn nhẹ 따이 난 냬	가벼운 사고
tác động 딱 동	작용	tai nạn xe 따이 난 쌔	교통사고
tác giả 딱 쟈	저자	tai vạ 따이 바	재난
tác hại 딱 하이	해롭게 하다.	tài 따이	재능 있는, 손재주가 좋은
tác phẩm 딱 펌	작품	tài chính 따이 찌잉	재정
tách 따익	컵	tài giỏi 따이 죠이	훌륭한
tai 따이	귀	tài khoản 따이 콴	계좌, 계정(전산)
tai nạn 따이 난	사고	tài liệu 따이 리에우	문서, 자료

tạ
따
중량(약 60kg), 구실을 마련하다.

tai nạn giao thông
따이 난 쟈오 통
교통사고

tài khoản tiết kiệm
따이 콴 띠엣 끼엠
자유저축예금

tài khoản vãng lai
따이 콴 방 라이
당좌예금

tài năng 따이 낭	힘(능력)	tại sao 따이 싸오	왜, 무슨 이유로
tài nguyên 따이 응우옌	자원	Tại sao không? 따이 싸오 콩	왜 안 돼?
tài sản 따이 싼	자산	tại vì 따이 비	왜냐하면
tài trợ 따이 쩌	원조하다.	Tam Kỳ 땀 끼	땀 끼(도시명)
tải 따이	수송하다.	tàm tạm 땀 땀	그저 그렇다.
tải trọng 따이 쫑	로딩 용량(전산)	tám 땀	여덟(숫자)
tái 따이	창백해지다. 설익은	tám mươi 땀 므어이	80
tái giá 따이 쟈	재혼	tạm 땀	일시적인
tái phát 따이 팟	재발하다.	tạm biệt 땀 비엣	작별하다.
tại 따이	때문에, ~에	tạm thời 땀 터이	일시적인
tại chỗ 따이 쪼	현장에서	tan 딴	흩어지다.
tại khu vực này 따이 쿠 븍 나이	이 지역에	tan rã 딴 자	그룹 등이 해체되다.

tàn 딴	시들다.	tạnh trời 땅 쩌이	좋은 날씨
tàn bạo 딴 바오	잔혹한	tao 따오	(윗사람이 스스로)나
tàn nhang 딴 냥	주근깨	táo 따오	사과
tàn phá 딴 파	파괴되다.	tạo 따오	창조하다.
tàn tật 딴 떳	불구가 된	tạo hình 따오 히잉	조형
tán dương 딴 즈엉	칭송하다.	tạo nên 따오 넨	조성하다.
tảng 땅	초석	tạo ra 따오 자	창조하다.
tanh 따잉	비린내가 나다.	tạo thành 따오 타잉	조성하다.
tạnh 땅	(비)그치다.	tạp chí 땁 찌	잡지
tạnh mưa 땅 므어	비가 그치다.	tạp dề 땁 제	앞치마
tạnh ráo 땅 자오	(날씨)개이다.	tàu 따우	기차, 배, 중국

Tạm biệt! Hẹn gặp lại!
땀 비엣, 핸 갑 라이   안녕. 다시 만나.

tàu đánh cá 따우 다잉 까	어선	tay cầm 따이 껌	손잡이
tàu hỏa 따우 화	기차	tay mặt 따이 맛	오른손(남부어)
tàu thuỷ 따우 투이	배(보트)	tay nghề 따이 응에	수완이 있는
tàu vũ trụ 따우 부 쭈	우주선	tay phải 따이 파이	오른손
taxi 딱시	택시	tay trái 따이 짜이	왼손
tay 따이	손	tắc đường 딱 드엉	길이 막히다.

tăng cầu
땅 꺼우

내수 진작(경제용어)

tâm đắc
떰 닥

철저히, 마음에 드는

Tâm trạng thế nào?
떰 짱 테 나오

기분이 어때?

tận / tận 20 người
떤 / 떤 하이 므어이 응어이

이상 / 이십 명 이상

tận những / tận những 100000 Đ
떤 능 / 떤 능 못 짬 응인 동

이나 / 10만 동 이나

tắc xi 딱 시	택시	tăng tiến 땅 띠엔	진보하다.
tăm 땀	이쑤시개	tăng trưởng 땅 쯔엉	증가하다.
tắm 땀	목욕하다.	tặng 땅	증정하다.
tắm gội 땀 고이	목욕하다.	tặng phẩm 땅 펌	선물, 증정품
tắm nắng 땀 낭	일광욕하다.	tặng quà 땅 꽈	선물하다.
tăng 땅	늘어나다.	tắt 땃	끄다.(기계)
tăng cường 땅 끄엉	증가하다.	tắt đèn 땃 댄	스위치를 내리다.
tăng giá 땅 쟈	가치가 오르다.	tâm 떰	마음
tăng lên 땅 렌	(가격이)오르다.	tâm hồn 떰 혼	영혼
tăng cân 땅 껀	살찌다.	tâm lý 떰 리	심리
tăng tiền lên 땅 띠엔 렌	값이 오르다.	tâm lý học 떰 리 혹	심리학
tập thể lực 떱 테 륵			체력 훈련을 하다.

tâm sự 떰 쓰	신임	tân binh 떤 비잉	신병
tâm tình 떰 띠잉	심정	tân hôn 떤 혼	신혼
tâm trạng 떰 짱	기분	tần 떤	삶다.
tầm 떰	범위	tấn 떤	톤(무게)
tầm cỡ 떰 꺼	크기	tấn công 떤 꽁	공격하다.
tầm nhìn xa 떰 닌 싸	가시거리	tận dụng 떤 중	절약
tầm tã 떰 따	(계속)내리는	tận mắt 떤 맛	직접 눈으로
tấm 떰	그림	tận tay 떤 따이	몸소
tấm ảnh 떰 아잉	사진	tận tình 떤 띠잉	충성
tấm biển 떰 비엔	(넓고 평평한)판	Tân An 떤 안	떤 안(도시명)
tân 떤	새로운	tầng 떵	층

Tất cả bao nhiêu tiền? 모두 얼마예요?
떳 까 바오 니에우 띠엔

베트남어	한국어
tầng mấy? 떵 머이	몇 층?
tấp nập 떱 넙	북적거리다.
tập 떱	연습하다.
tập đoàn 떱 도안	집단
tập file 떱 파일	파일(사무용품)
tập hợp 떱 헙	(군인)소집하다.
tập huấn 떱 후언	훈련하다.
tập luyện 떱 루엔	훈련하다.
tập quán 떱 꽌	습관
tập sự 떱 쓰	실습하다.
tập thể dục 떱 테 죽	운동하다.
tập thể thao 떱 테 타오	운동하다.
tập tin 떱 띤	파일(전산)
tập trung 떱 쭝	집중하다.
tập tục 떱 뚝	풍속
tất 떳	양말
tất cả 떳 까	모두
tất nhiên 떳 니엔	당연하다.
Tất nhiên rồi. 떳 니엔 조이	당연하지.
tất yếu 떳 이에우	필수적인
tật 떳	질병, 버릇
tây 떠이	서양의
Tệ bạc quá. 떼 박 꽈	배은망덕한 일이야.

tây bắc 떠이 박	서북	tên 뗀	이름
Tây Ninh 떠이 니잉	떠이 니잉(도시명)	tên gọi 뗀 고이	~라고 부른다.
tẩy 떠이	지우개	tên tuổi 뗀 뚜어이	이름과 나이, 명성
tẻ 때	멥쌀, 쓸쓸한	tết 뗏	명절
tem 땜	우표	tết nguyên đán 뗏 응우엔 단	설(음력)
tế 떼	(말등이)질주하다.	tết trung thu 뗏 쯍 투	추석
tế bào 떼 바오	세포	tha 타	봐주다.
tế lễ 떼 레	희생하다.	tha hồ 타 호	마음대로
tệ bạc 떼 박	배은망덕한	tha thiết 타 티엣	집요하게
tệ nạn 떼 난	폐해	thà 타	차라리
Thái Bình 타이 비잉		타이 비잉(도시명)	
Thái Nguyên 타이 응우엔		타이 응우엔(도시명)	

베트남어	한국어
thả / 타	해방하다. 방목하다.
thác / 탁	폭포
thạc sĩ / 탁 씨	석사
thạch / 타익	돌, 섬
thạch sùng / 타익 쑹	(작은)도마뱀
thai / 타이	태아
thái / 타이	(칼)저미다.
Thái / 타이	태국
thái cực kỳ / 타이 끅 끼	태극기
thái cực quyền / 타이 끅 꾸엔	태권도
thái độ / 타이 도	태도
thái miếng / 타이 미응	잘게 자르다.
thái tử / 타이 뜨	태자
tham / 탐	탐내다. 보좌관
tham dự / 탐 즈	참여하다.
tham gia / 탐 자	참가하다.
tham khảo / 탐 카오	참고하다.
tham lam / 탐 람	욕심 많은
tham nhũng / 탐 늉	타락하다. 탐욕스러운
thanh toán / 타잉 또안	계산하다. 결제하다.
thành phố Hồ Chí Minh / 타잉 포 호 찌 밍	호치민시(구 사이공시)

tham quá 탐 꽈	욕심이 많은	tháng bảy 탕 바이	칠월
tham quan 탐 꽌	구경하다.	tháng chạp 탕 짭	음력12월
thảm khốc 탐 콕	참혹한	tháng chín 탕 찐	구월
thám hiểm 탐 히엠	탐험하다.	tháng giêng 탕 지응	일월
than 탄	석탄	tháng hai 탕 하이	이월
thản nhiên 탄 니엔	태연하게	tháng một 탕 못	일월
thang máy 탕 마이	엘리베이터	tháng mười 탕 므어이	시월
tháng 탕	달(시간)	tháng mười hai 탕 므어이 하이	십이월
tháng ba 탕 바	삼월	tháng mười một 탕 므어이 못	십일월

thành tích cao 타잉 띡 까오	높은 성적을 거두다.
tháo gỡ vấn đề 타오 거 번 데	문제를 풀다.
thay cái khác 타이 까이 칵	다른 것으로 바꾸다.

tháng năm 탕 남	오월	thanh thiếu niên 타잉 티에우 니엔	청소년
tháng sau 탕 싸우	다음달	thành 타잉	~을 이루다. 도시
tháng sáu 탕 싸우	유월	thành công 타잉 꽁	성공하다.
tháng tám 탕 땀	팔월	thành đạt 타잉 닷	성공적인
tháng trước 탕 쯔억	지난달	thành kính 타잉 끼잉	진심으로
tháng tư 탕 뜨	사월	thành lập 타잉 럽	성립하다.
thanh 타잉	음조, 맑은	thành ngữ 타잉 응으	고사 성어
thanh cao 타잉 까오	고귀한. 고상한	thành phần 타잉 펀	요소
thanh điệu 타잉 디에우	리듬	thành phố 타잉 포	시(도시)
Thanh Hóa 타잉 화	타잉 화(도시명)	thành quả 타잉 꽈	성과
thanh niên 타잉 니엔	젊은이	thành ra 타잉 자	그래서
thay quần áo 타이 꿘 아오			옷을 갈아입다.

thành sự 타잉 쓰	성공하다.	tháo vát 타오 밧	민첩한
thành thạo 타잉 타오	능숙해지다.	thạo 타오	숙련된
thành thị 타잉 티	도시	tháp 탑	탑(건축)
thành tích 타잉 띡	성적	thay 타이	바꾸다. 대신하여
thành tựu 타잉 뜨	성취	thay đổi 타이 도이	바꾸다.
thành viên 타잉 비엔	멤버	thay thế 타이 테	대신하다.
thánh 타잉	(공자등의)성인	thay tôi 타이 또이	나대신
thảo luận 타오 루언	토론하다.	thăm 탐	방문하다.
thảo mộc 타오 목	초목	thăm dò 탐 조	눈치보다.
thảo nào 타오 나오	놀랄 것 없다.	thăm hỏi 탐 호이	방문하다.
tháo 타오	풀다. 방출하다.	thăm viếng 탐 비응	방문하다.
thắc mắc 탁 막			복잡하게 얽힌, 궁금하다

thằn lằn 탄 란	도마뱀
thẳng 탕	곧바로
thẳng đứng 탕 등	수직을 이루다.
thắng 탕	게임에서 이기다.
thắng cảnh 탕 까잉	명승지
thắng lợi 탕 러이	승리하다.
thắng tố 탕 또	소송에서 이기다.
thắt 탓	(넥타이등을)매다.
thắt lưng 탓 릉	허리띠를 매다.
thăm họ hàng 탐 호 항	친척을 방문하다.
thẩm mỹ 텀 미	미를 탐하다. 심미적인
thần linh 턴 리잉	신(신령), 경이로운
thầm 텀	비밀스럽게
thẩm định 텀 딕	심사하다.
thẩm phán 텀 판	판사
thậm chí 텀 찌	~조차
thân 턴	친하다.
thân hình 턴 히잉	몸매
thân mật 턴 멋	친밀한
thân mến 턴 멘	친애하는
thân thể 턴 테	몸

thân thiện 턴 티엔	친선의	thất học 텃 혹	문맹의
thân thiết 턴 티엣	친밀한	thất lạc 텃 락	오도된, 잃어버린
thân tình 턴 띵	친선	thất nghiệp 텃 응이엡	실직하다.
thân yêu 턴 이에우	친애하는	Thất vọng. 텃 봉	실망이야.
thần 턴	신, 마음	thật 텃	정말로
thận 턴	신장계	thật là 텃 라	진실은, 정말로
thấp 텁	키가 작다. 낮은	thật ra 텃 자	사실은
thập cẩm 떱 껌	혼합의	thật sự 텃 쓰	사실로
thập kỷ 텁 끼	십년단위	thật thà 텃 타	솔직한
thất bại 텃 바이	실패하다.	thầy 터이	교사
thất cử 텃 끄	낙선하다.	thầy giáo 터이 쟈오	선생님(남자)
thấp thỏm chờ 떱 톰 쩌		이제나 저제나 하고 기다리다.	

thầy thuốc 터이 투억	의사
thấy 터이	느끼다.
thấy bà 터이 바	매우
thấy sợ thật 터이 써 텃	정말 무서웠어.
the 태	시폰(옷감)
thẻ 태	카드(플라스틱)
thẻ đỏ 태 도	레드카드
thẻ nhập cảnh 테 녑 까잉	입국카드
thẻ tín dụng 태 띤 중	신용카드
thẻ vàng 태 방	옐로우 카드
theo 태오	따라하다. ~에 따라서
theo dõi 태오 조이	모니터하다.
theo hướng 태오 흐엉	~방향으로
theo kế hoạch 태오 께 화익	계획대로
theo tôi 태오 또이	나로서는
thề 테	맹세하다.
thể 테	양해하다. 상태, 신체
thể cách 테 까익	방법

Thật hoàn hảo! 텃 호안 하오	정말 완벽하군.
theo công thức 태오 꽁 특	공식에 따라
theo đường này 테오 드엉 나이	이 길 따라

thể dục 테 죽	체육	thế kỷ 테 끼	세기(기간)
thể hiện 테 히엔	구체화하다.	thế là 테 라	그러므로
thể lực 테 륵	체력	thế mà 테 마	그런데
thể thao 테 타오	스포츠	thế mạnh 테 마잉	높은 위치
thể trạng 테 짱	상태	Thế nào? 테 나오	어때?
thế 테	상태, ~를 해야 한다.	thế này 테 나이	이렇게
Thế à. 테 아	그렇군요.	thế thì 테 티	그러면
Thế á? 테 아	그래?	thế vận hội 테 번 호이	올림픽
thế giới 테 져이	세계	thêm 템	추가하다.
thế hệ 테 헤	세대	thi 티	시험
thế kia 테 끼아	저렇게	thi cử 티 끄	시험
theo tình hình 태오 띵 힝			경우에 따라서

베트남어	한국어
thi đấu 티 더우	경기
thi hành 티 하잉	실시하다.
thi trượt 티 쯔엇	시험에 떨어지다.
thì 티	때, ~데 대해서
thì giờ 티 져	시간
thì phải 티 파이	아마~ 인 것 같다.
thì ra 티 자	실제로
thí nghiệm 티 응이엠	시험하다.
thí sinh 티 씨잉	수험생
thị 티	보다.
thị giác 티 쟉	시각
thị hiếu 티 히에우	기호, 취미
thị trấn 티 쩐	도시
thị trường 티 쯔엉	시장(마켓)
thị xã 티 싸	지방자치단체
thìa 티아	숟가락

Thế thì tốt.
테 티 똣
그렇다면 좋아요.

thi đấu bóng chuyền
티 더우 봉 쭈엔
배구경기

thiết lập quan hệ
티엣 럽 꽌 헤
(사업등)관계를 맺다.

Thôi cúp nhé.
토이 꿉 내
이제 그만 끊자.(전화)

thích 틱	좋아하다.	thiến 티엔	거세하다.
Thích chú? 틱 쯔	좋지?	thiêng liêng 티응 리응	신성한
thích hợp 틱 헙	적합한	thiếp 티엡	카드(종이)
thích nghi 틱 응이	적당한	thiết bị 티엣 비	기계, 장치
thích nhất 틱 녓	제일 좋아하다.	thiết kế 티엣 께	디자인하다.
thích thú 틱 투	좋아하다.	thiết kế web 티엣 께 웹	웹디자인하다.
thiên 티엔	하늘	thiết yếu 티엣 이에우	필수의
thiên nhiên 티엔 니엔	자연	thiệt hại 티엣 하이	손해
thiên tai 티엔 따이	재난	thiệt thòi 티엣 토이	손해를 보다.
thiên tài 티엔 따이	재능, 천재	thiểu số 티에우 쏘	소수의
thiên văn học 티엔 반 혹	천문학	thiếu 티에우	부족하다.
thiên vị 티엔 비	불공평한	thỉnh thoảng 티잉 토앙	가끔

thính giả 티잉 쟈	시청자	thoải mái 토아이 마이	(마음이)편안하다.
thịnh 티잉	번영하다.	thoái thác 토아이 탁	구실을 만들다.
thịnh đạt 티잉 닷	발달하다.	thoáng 통	널찍한
thịnh trị 티잉 찌	태평성대를 누리다.	thoát 툿	탈출하다 도망가다
thịt 팃	고기	thoát khỏi 툿 코이	탈출하다.
thịt bò 팃 보	소고기	thóc 톡	벼
thịt gà 팃 갸	닭고기	thóc gạo 톡 갸오	곡물
thịt lợn 팃 런	돼지고기	thói quen 토이 꾸앤	습관
thỏ 토	토끼	thói xấu 토이 쌔우	나쁜 습관
thỏ rừng 토 증	산토끼	thon thả 톤 타	날씬한
thọ 토	오래 살다.	thong thả 통 타	느긋한
thổi sáo 토이 싸오			플루트(피리)를 불다.

thô 토	조잡한	thối mồm 토이 몸	입 냄새나다.
Thổ Nhĩ Kỳ 토 니 끼	터키	thôn 톤	부락
Thôi. 토이	됐어.	thông 통	소나무
Thôi dẹp đi. 토이 잽 디	잊어버려.	thông minh 통 미잉	지적인
Thôi đủ rồi! 토이 두 조이	이제 충분해요.	thông qua 통 꽈	통과하다.
Thôi nhé. 토이 내	그만 하자.	thông tấn xã 통 떤 싸	통신사
thổi 토이	(바람)불다.	thông thường 통 트엉	통상(보통)
thổi còi 토이 꼬이	호루라기를 불다.	thông tin 통 띤	정보
thổi kèn 토이 깬	트럼펫을 불다.	thông tục 통 뚝	통속의
thối 토이	냄새가 안 좋은	thống kê 통 께	통계(상)의
thông báo 통 바오			알리다. 발표하다.
thông cảm 통 깜			(어려운 상황을)이해하다.

베트남어	한국어
thống nhất 통 녓	통일하다.
thống trị 통 찌	통치
thơ 터	시(문학)
thơ ấu 터 어우	젊은, 어린시절
thờ 터	제사를 지내다.
thờ cúng 터 꿍	예배
thở 터	호흡하다.
thở dài 터 자이	한숨 쉬다.
thở phào 터 파오	안도의 한숨을 내쉬다.
thợ 터	~공(수리공처럼)
thợ may 터 마이	재단사
thợ mộc 터 목	목수
thời 터이	시대, 시간
thời buổi 터이 부오이	시대
thời đại 터이 다이	세대
thời điểm 터이 디엠	시점
thời gian 터이 잔	시간
thời gian bảo hành 띠엔 잔 바오 하잉	보증기간
thời gian lao động 멋 잔 라오 동	노동시간
Thời gian nhanh thế! 터이 잔 냐잉 테	시간이 정말 빠르다.

thời hạn 터이 한	기간	thu hẹp 투 햅	좁히다. 수축하다.
thời khóa biểu 터이 콰 비에우	스케줄	thu hút 투 훗	매혹시키다.
thời kỳ 터이 끼	시기	thu mua 투 무어	구입하다.
thời sự 터이 쓰	뉴스, 시사	thu nhập 투 녑	소득, 수입
thời tiết 터이 띠엣	날씨, 기후	thu nhập thực 투 녑 특	실제수입
thời tiết tốt 터이 띠엣 똣	날씨 좋다.	thu nhỏ 투 뇨	감축하다.
thời trang 터이 짱	패션	thu thập 투 텁	수집하다
thơm 텀	향기로운	thu tiền 투 띠엔	돈을 받다.
thu 투	얻다.	thủ 투	훔치다. 머리

thơm phức 텀 푹	좋은 향기가 감돌다.
thu tiền nước 투 띠엔 느억	수도요금을 받다.
Thủ Dầu Một 투 저우 못	투 저우 못(도시명)

thủ công 투 꽁	수공의	thua 투어	지다.
thủ đô 투 도	수도(도시)	thuần hóa 투언 화	순화하다.
thủ lĩnh 투 리잉	수령(직급)	thuận 투언	찬성하다. 순응하다.
thủ môn 투 몬	골키퍼	thuận lợi 투언 러이	순탄한
thủ trưởng 투 쯔엉	장(리더)	thúc đẩy 툭 더이	촉진하다.
thủ tục 투 뚝	수속절차	thuê 투에	고용하다. 임대하다.
thủ tướng 투 뜨엉	수상(직위)	thuê phòng 투에 퐁	방을 빌리다.
thú 투	자백하다.	thuế 투에	세금
thú vị 투 비	재미있는	thuế lợi tức 투에 러이 뜩	소득세
thú vui 투 부이	흥취	thuế nhập khẩu 투에 녑 커우	수입세

thua keo này bày keo khác
투어 깨오 나이 바이 깨오 삭

다음번에 더 좋은 행운이 온다.

thuế nông nghiệp 농업세 투에 농 응이엡	thuốc 약 투억
thuế phụ thu 부가세 투에 푸 투	thuốc cảm cúm 감기약 투억 깜 꿈
thuế quan 관세 투에 꽌	thuốc độc 독약 투억 독
thuế xuất khẩu 수출세 투에 쑤엇 커우	thuốc giun 구충제 투억 준
thun 오그라들다. 툰	thuốc kháng sinh 항생제 투억 캉 씨잉
thung lũng 산골짜기 퉁 룽	thuốc lá 담배 투억 라
thùng rác 쓰레기통 퉁 작	thuốc nước 물약 투억 느억

thuận buồm xuôi gió 순풍에 돛달듯 일이 잘 풀림.
투언 부옴 쑤오이 죠

thúc giục 당부하다. 재촉하다.
툭 죽

thuế công thương nghiệp 공상업세
투에 꽁 트엉 응이엡

thùng / 1 thùng bia 팩(통) / 맥주 한 팩(통)
퉁 / 못 퉁 비아

thử thách 시도하다. 시험하다.
트 타익

thuốc tiêm 투억 띠엠	주사약	thủy điện 투이 디엔	수력
thuốc tiêu chảy 투억 띠에우 짜이	지사제	thủy động 투이 동	수동의
thuốc tránh thai 투억 짜잉 타이	피임약	thủy lực 투이 륵	수력
thuốc viên 투억 비엔	알약	thủy quân 투이 꿘	수군
thuộc về 투억 베	속하다.	thủy văn 투이 반	수로
thuôn 투온	끝이 포족해진	Thụy Sĩ 투이 씨	스위스
thủy 투이	정절 있는, 수은, 물	thuyền 투엔	배(교통)

thứ họ thích
트 호 틱 — 마음에 드는 물건

thức khuya
특 퀴아 — 늦게 잠자리에 들다.

thực hành
특 하잉 — 실습하다. 실행하다.

thực phẩm lên men
특 펌 렌 맨 — 발효식품

thực ra
특 자 — 사실은, 실제로, 정말로

thuyết minh 투엣 미잉	설명하다.	thử 트	테스트하다.
thuyết phục 투엣 푹	설득하다.	thử đoán xem 트 도안 쌤	짐작해보다.
thư 트	편지	thử nghiệm 트 응이엠	시험하다.
thư bảo đảm 트 바오 담	등기우편	thử nhìn xem 트 닌 쌤	한번 보다.
thư giãn 트 쟌	긴장을 풀다.	thử sức 트 쓱	~ 힘을 시험하다.
thư ký 트 끼	비서	thứ 트	~번째
thư mục 트 묵	폴더(전산)	thứ ba 트 바	화요일, 세번째
thư từ 트 뜨	편지	thứ bảy 트 바이	토요일, 일곱번째
thư viện 트 비엔	도서관	thứ hai 트 하이	월요일, 두번째
thương tiếc 트엉 띠엑			후회하다. 애도하다.
thương trường 트엉 쯔엉			시장, 상거래
thường 트엉			보상하다. 보통의, 자주

thứ năm 트 남	목요일, 세번째
thứ nhì 트 니	두 번째
thứ sáu 트 싸우	금요일, 네번째
thứ tôi thích 트 또이 틱	좋아하는 물건
thứ trưởng 트 쯔엉	차관
thứ tư 트 뜨	수요일, 다섯번째
thứ tự 트 뜨	순서
thứ tự ưu tiên 트 뜨 유 띠엔	우선순위
thưa 트어	상대방을 존칭할 때
thừa 트어	적당한
thường trực 트엉 쯕	영구적인, 상주의
thường xuyên đi 트엉 쑤엔 디	자주 가다.
thừa nhận 트어 년	인정하다.
thức 특	형태
thức ăn 특 안	음식
thức dậy 특 저이	잠깨다.
thức giấc 특 적	잠깨다.
thức ngủ 특 응우	잠에서 깨다.
thực 특	실제
thực chất 특 쩟	실질
thực đơn 특 던	메뉴판
thực phẩm 특 펌	식품

thực sự 특 쓰	실제로, 사실	thương mại 트엉 마이	무역
thực tập 특 떱	실습하다.	thương yêu 트엉 이에우	사랑하다.
thực tế 특 떼	실제의	thường có 트엉 꼬	잦은
thực trạng 특 짱	실정	thường dùng 트엉 중	상용하다.
thước kẻ 트억 깨	자(사무용품)	thường ngày 트엉 응아이	매일
thương 트엉	가련한	thường nói 트엉 노이	보통 말하다.
thương gia 트엉 쟈	무역인, 사업가	thường thường 트엉 트엉	항상
thương luật 트엉 루엇	무역법	thường xuyên 트엉 쑤엔	자주

thượng tuần   상순(달의 첫 10일)
트엉 뚜언

Tiếc lắm, đừng vứt đi.   아깝잖아. 버리지 마.
띠엑 람, 등 붓 디

tiêm chích   마약주사를 맞다.
띠엠 찍

tiêm phòng   예방 주사를 맞다
띠엠 퐁

thưởng (트엉)	보상하다.
thưởng thức (트엉 특)	상식
thượng (트엉)	위쪽, ~이상으로
tỉ giá (띠 쟈)	환율
tỉ lệ (띠 레)	비율
tỉ mỉ (띠 미)	자세히
tỉ số (띠 쏘)	점수
tỉ số chung cuộc (띠 쏘 쭝 꾸옥)	최종점수
tỉ trọng (띠 쫑)	밀도(비중)
tia nắng (띠아 낭)	햇빛
tích cực (띡 끅)	적극
tịch thu (띡 투)	몰수하다.
tiếc (띠엑)	아쉬워하다.
tiệc (띠엑)	잔치, 파티
tiệc chia tay (띠엑 찌아 따이)	송별회
tiệc mặn (띠엑 만)	연회
tiêm (띠엠)	주사
tiềm năng (띠엠 낭)	잠재력
tiệm (띠엠)	가게
tiên (띠엔)	선인
tiêm phòng bệnh gan (띠엠 퐁 버익 갼)	간염예방주사
Tiền lương rất cao. (띠엔 르엉 젓 까오)	연봉이 정말 세다.

tiên phong 띠엔 퐁	선봉	tiền lời 띠엔 러이	이자
tiên tiến 띠엔 띠엔	선진적이다.	tiền lương 띠엔 르엉	임금
tiền 띠엔	돈	tiền mặt 띠엔 맛	현금
tiền boa 띠엔 보아	팁	tiền mừng tuổi 띠엔 믕 뚜어이	세뱃돈
tiền công 띠엔 꽁	수고비	tiền phí 띠엔 피	수수료
tiền của 띠엔 꾸어	재산	tiền phong 띠엔 퐁	선봉
tiền đặt cọc 띠엔 닷 꼭	보증금	tiền phục vụ 띠엔 푹 부	서비스요금
tiền lãi 띠엔 라이	이자	tiền thuê 띠엔 투에	임대료
tiền lẻ 띠엔 래	거스름돈	tiền thưởng 띠엔 트엉	보너스
tiền lì xì 띠엔 리 씨	세뱃돈	tiền tiêu vặt 띠엔 띠에우 밧	용돈

tiếng / 1 tiếng   말, 소리, 시간 / 한 시간
띠응 / 못 띠엥

tiếng chuông điện thoại   전화벨소리
띠응 쭈옹 디엔 토와이

tiền Việt Nam 베트남 화폐 띠엔 비엣 남	tiến sĩ 박사(학위) 띠엔 씨
tiền vốn 원금 띠엔 본	tiến thân 출세하다. 띠엔 턴
tiền xăng 주유비 띠엔 쌍	tiến triển 전진하다. 띠엔 찌엔
tiễn 배웅하다. 띠엔	tiện 선반을 돌리다. 편리한 띠엔
tiễn đưa 배웅하다. 띠엔 드어	tiện lợi 편리한 띠엔 러이
tiến 앞질러가다. 띠엔	tiện nghi 편리한 띠엔 응이
tiến bộ 진보하다. 띠엔 보	tiện nhất 제일 편리한 띠엔 녓
tiến hành 진행하다. 띠엔 하잉	tiếng Anh 영어 띠응 아잉
tiến hóa 진화하다. 띠엔 화	tiếng chuông 벨소리 띠응 쭈옹

tiếng đồng hồ / ba tiếng đồng hồ 시간 / 세 시간
띠응 동 호 / 바 띠응 동 호

tiếng Tây Ban Nha 스페인어
띠응 떠이 반 냐

tiếp chuyện ~와 다정하게 사귀다.
띠엡 쭈엔

tiếng địa phương 사투리 띠응 디아 프엉	tiếng Trung Quốc 중국어 띠응 쭝 꿕
tiếng động 소음 띠응 동	tiếng Việt 베트남어 띠응 비엣
tiếng lóng 속어 띠응 롱	tiếp 계속 띠엡
tiếng Nga 러시아어 띠응 응아	tiếp khách (손님)접대하다. 띠엡 카익
tiếng ngáy 코 고는 소리 띠응 응아이	tiếp nhận 접수 띠엡 년
tiếng Nhật 일본어 띠응 녓	tiếp tân 손님을 접대하다. 띠엡 떤
tiếng Pháp 프랑스어 띠응 팝	tiếp theo 다음으로 띠엡 태오
tiếng Thái 태국어 띠응 타이	tiếp thu 접수하다. 띠엡 투
tiết kiệm thời gian 띠엣 끼엠 터이 잔	시간을 절약하다.
tiêu biểu 띠에우 비에우	상징하다. 대표하다.
tín phiếu kho bạc 띤 피에우 코 박	국고채 신용장
tình nguyện viên 띠잉 응우엔 비엔	자원봉사자

tiếp tục 띠엡 뚝	계속하다.	tiêu dùng 띠에우 중	소비하다.
tiếp xúc 띠엡 쑥	접촉하다.	tiêu hóa 띠에우 화	소화
tiết 띠엣	(동물)피	tiểu học 띠에우 혹	초등교육
tiết kiệm 띠엣 끼엠	저금하다.	tiểu thuyết 띠에우 투엣	소설
tiết lộ 띠엣 로	누설하다.	tim 띰	심장
tiết mục 띠엣 묵	단락	tìm 띰	찾다.
tiêu 띠에우	후추, 피리	tìm hiểu 띰 히에우	연구하다.
tiêu chuẩn 띠에우 쭈언	규정, 표준	tìm kiếm 띰 끼엠	검색하다.
tiêu cực 띠에우 끅	소극적인	tìm ra 띰 자	찾아내다. 발견하다.
tiêu diệt 띠에우 지엣	소멸하다.	tìm thấy 띰 터이	찾아내다.
tính khẩn trương 띠잉 컨 쯔엉			급한 성질
Tính tiền sai rồi. 띠잉 띠엔 싸이 조이			계산이 잘못됐어요.

tím / 띰	보라색
tin / 띤	믿다. 소식
tin dùng / 띤 중	중용하다.
tin học / 띤 혹	컴퓨터 공학(전산)
Tin tôi đi. / 띤 또이 디	날 믿어.
tin tức / 띤 뜩	뉴스
tin tưởng / 띤 뜨엉	신뢰하다.
tin vui / 띤 부이	좋은 소식
tín dụng / 띤 중	신용
tín hiệu / 띤 히에우	신호
tín ngưỡng / 띤 응으엉	신앙
tín nhiệm / 띤 니엠	신뢰하다.
tín phiếu / 띤 피에우	신용장
tinh / 띠잉	성(별)
tinh hoa / 띠잉 화	정화
tinh thần / 띠잉 턴	정신
tình bạn / 띠잉 반	우정
tình cảm / 띠잉 깜	감정
tình hình / 띠잉 히잉	상태
tình hình hiện nay / 띠잉 히잉 히엔 나이	현 상태
Tò mò chết mất. / 떠 머 쩻 멋	궁금한 건 못 참아.
toa ăn trên xe lửa / 또아 안 쩬 쌔 르어	식당차(기차)

tình huống 띵 후옹	상황
tình nghĩa 띵 응이아	정의
tình nguyện 띵 응우엔	지원하다.
tình thương 띵 트엉	애정
tình trạng 띵 짱	상태
tình yêu 띵 이에우	사랑
tỉnh 띵	도(지역), 깨다.
tỉnh dậy 띵 저이	깨다. 일어나다.
tĩnh 띵	제단, 고요한
tĩnh mịch 띵 믹	고요한
tính 띵	셈하다. 성격
tính cách 띵 까익	성격
tính chất 띵 쩟	성질
tính khả năng 띵 카 낭	가능성
tính miệng 띵 미응	암산하다.
tính năng 띵 낭	특징, 성능
tính tiền 띵 띠엔	계산하다.
tính tình 띵 띵	기질
tính toán 띵 또안	계산하다.
tính từ 띵 뜨	형용사
toi 또이	헛되게 쓴, 페스트에 걸리다.
tổ chức tiệc chia tay 또 쯕 띠엑 찌아 따이	송별회를 열다.

tivi 띠비	TV	tòa nhà 또아 냐	빌딩
to 또	크다.	tòa nhà cao tầng 또아 냐 까오 떵	고층빌딩
to béo 또 배오	살찐	tòa soạn 또아 쏘안	신문사, 편집부
to lớn 또 런	큰	toan 또안	~할 예정이다.
tò mò 떠 머	호기심 있는	toàn 또안	전부
tò mò nhất 떠 머 녓	제일 궁금한	toàn bộ 또안 보	전체의
tỏ 또	밝다.	toàn diện 또안 지엔	전면적인
tỏ ra 또 자	(입장)밝히다.	toàn quốc 또안 꿕	전국
tỏ vẻ 또 배	표정을 나타내다.	toàn thế 또안 테	전체
toa-lét 또아 랫	화장실	toàn thế giới 또안 테 저이	전 세계
tố cáo với cảnh sát 또 까오 버이 까잉 쌋		경찰에 신고하다.	
tôi nghĩ Việt Nam là 또이 응이 비엣 남 라		내 생각에 베트남은	

toán 또안	계산, 단체, 수학	tỏi 또이	마늘
toán học 또안 혹	수학	tóm tắt 똠 땃	요약
toát 똿	(땀이)나다.	tô 또	큰 그릇
tóc 똑	머리카락	tô màu 또 머우	칠하다.
tóc dài 똑 자이	긴 머리	tổ 또	선조, 더욱 더
tóc ép để dài 똑 앱 데 자이	긴 생머리	tổ chức 또 쯕	개최하다. 조직
tóc ngang vai 똑 응앙 바이	단발머리	tổ hợp 또 헙	조합(조직)
tóc ngắn 똑 응안	짧은 머리	tổ quốc 또 꿕	조국
toi mạng 또이 망	멸망하다.	tổ tiên 또 띠엔	조상

tôn trọng đời tư   사생활을 존중하다.
똔 쫑 더이 뜨

tốt cho tiêu hóa   소화에 좋다.
똣 조 띠에우 화

tốt nghiệp đại học   대학을 졸업하다.
똣 응이엡 다이 혹

tố 또	폭풍	tối mịt 또이 밋	매우 어두운
tố cáo 또 까오	고발하다.	tối nào 또이 나오	저녁마다
tốc độ 똑 도	속도	tối nay 또이 나이	오늘밤에
tộc người 똑 응어이	시종	tối qua 또이 꽈	어제 저녁
tôi 또이	나	tối thiểu 또이 티에우	최소(수량)
tôi biết là 또이 비엣 라	내가 알기로는	tội 또이	죄
tôi thấy 또이 터이	내 생각엔	tội nặng 또이 낭	중죄
tồi 또이	나쁜	tội nghiệp 또이 응이엡	가엾다.
tối 또이	어두운	Tội nghiệp quá. 또이 응이엡 꽈	가여워라.
tối đa 또이 다	최대(수량)	tội phạm 또이 팜	범죄
trả lời thay tôi 짜 러이 타이 또이			나대신 대답하다.
trang phục công sở 짱 푹 꽁 써			유니폼

tôm 똠	새우	tổng cộng 똥 꽁	총합계
tôm càng 똠 깡	가재	tổng cục 똥 꾹	총국
tôn 똔	기리다.(종교)	tổng cục trưởng 똥 꾹 쯔엉	총국장
tôn giáo 똔 쟈오	종교	tổng đài 똥 다이	교환대(전화)
tôn trọng 똔 쭝	존중하다.	tổng hợp 똥 헙	종합
tồn tại 똔 따이	존재하다.	tổng số 똥 쏘	총(합계)
tông 똥	가게, 음정	tổng thể 똥 테	전체적인
tổng 똥	통(합)	tổng thống 똥 통	대통령
tổng bí thư 똥 비 트	서기장	tổng thu nhập 똥 투 녑	총수입
tổng biên tập 똥 비엔 떱	편집장	tổng thư ký 똥 트 끼	총서기
tổng công ty 똥 꽁 띠	본사	tổng vốn 똥 본	총자본
trang / trang 3 짱 / 짱 바		페이지 / 3 페이지	

tốt 똣	좋은	tờ hợp đồng 떠 헙 동	계약서
tốt bụng 똣 붕	마음이 따뜻한	tờ khai 떠 카이	신고서
tốt đẹp 똣 댑	좋은, 훌륭한	tớ 떠	나(친구사이)
tốt lành 똣 라잉	좋은	tới 떠이	오는(시기)
tốt nghiệp 똣 응이엡	졸업하다.	tra 짜	조사하다.
tốt nhất 똣 녓	최선	tra cứu 짜 끄	탐구하다.
Tốt quá! 똣 꽈	좋아요.	trà 짜	차(음료)
tờ / 1 tờ 떠 / 못 떠	장 / (종이) 한 장	trà đá 짜 다	아이스녹차
tờ báo 떠 바오	신문	trà lúa mạch 짜 루어 막	보리차
tờ giấy 떠 져이	(종이) 한 장	Trà Vinh 짜 비잉	짜 비잉(도시명)
tráng một cuộn phim 짱 못 꾸온 핌		필름을 현상하다.	
tranh Tết 짜잉 뗏		설날에 장식하는 그림	

베트남어	한국어	베트남어	한국어
trả 짜	돌려주다.	trái 짜이	과일, 왼쪽의
trả lại 짜 라이	환불하다.	trái cây 짜이 꺼이	과일
trả lời 짜 러이	대답하다.	trái đất 짜이 덧	지구
trả tiền 짜 띠엔	지불하다.	trái lại 짜이 라이	~와 반대로
trả tiền riêng 짜 띠엔 지응	더치페이하다.	trái nghĩa 짜이 응이아	반대로
trách móc 짜익 목	비난하다.	trái ngược 짜이 응으억	부인하다.
trách nhiệm 짜익 니엠	책임감	trái phiếu 짜이 피에우	채권
trai 짜이	남자	trái tim 짜이 띔	심장
trải 짜이	펴다.	trại 짜이	야영지, 병동
trải giường 짜이 즈엉	이불을 깔다.	trạm 짬	중계소, 지소
trải qua 짜이 꽈	경과하다.	trạm xá 짬 싸	보건소
trao huy chương 짜오 휘 쯔엉			메달을 수여하다.

359

trạm xăng 짬 쌍	주유소	tráng 짱	헹구다. 얇게 늘리다.
tràn 짠	넘치다	tráng lệ 짱 레	웅장하다.
tràn qua 짠 꽈	넘치다.	tráng miệng 짱 미응	디저트
trán 짠	이마	trạng 짱	장원
trang bị 짱 비	갖추다.	trạng ngữ 짱 응으	부사어
trang bìa 짱 비아	겉표지	trạng thái 짱 타이	상태
trang điểm 짱 디엠	화장하다.	trạng từ 짱 뜨	부사
trang nghiêm 짱 응이엠	무덤	trao 짜오	수여하다.
trang sức 짱 쑥	액세서리	trao đổi 짜오 도이	교환하다. 상담하다.
trang trí 짱 찌	장식하다.	trào 짜오	넘치다.
tràng 짱	연속음	tráp 짭	상자

trao tiền thưởng   보너스를 주다.
짜오 띠엔 트엉

trăm 짬	100	trần nhà 쩐 냐	천장
trăm năm 짬 남	백년	trần thuật 쩐 투엇	진술하다.
trăm nghìn 짬 응인	십만	trận 쩐	싸움, 경기
trăm phần trăm 짬 펀 짬	원샷	trận bóng đá 쩐 봉 다	축구경기
trăng 짱	달	trận đấu 쩐 더우	경기
trăng rằm 짱 잠	보름달	trật tự 쩟 뜨	순서, 질서
trắng 짱	하얀색	trâu 쩌우	물소
trầm trọng 쩜 쫑	진지한	trầu 쩌우	구장(식물)
trầm uất 쩜 우엇	침울한	tre 째	대(나무)
trân trọng 쩐 쫑	정중하게	tre nứa 째 느어	대나무

treo quốc kỳ 국기를 게양하다.
째오 꿕 끼

trên giờ / 300km trên giờ. 시간당 / 시간당 300km
쩬 저 / 바 짬 키로 맷 쩬 저

trẻ 째	젊은	trên 쩬	위(방향)
trẻ bại liệt 째 바이 리엣	소아마비	trên đời 쩬 더이	일생동안
trẻ con 째 꼰	어린이	trên đường về 쩬 드엉 베	오늘 길에
trẻ em 째 앰	아이	trên thế giới 쩬 테 져이	세계에서
trẻ tuổi 째 뚜어이	젊은	trệt 쩻	1층(남부)
treo 쩨오	걸다.	trì hoãn 찌 호안	(시간이)연기되다.
treo trên tường 쩨오 쩬 뜨엉	벽에 걸다.	trí 찌	지능, 추리력
trèo 쩨오	등반하다.	trí nhớ 찌 녀	기억력
trễ 쩨	늦은	trí óc 찌 옥	지력

Trịnh Công Sơn   음악가이며 음악장르
찌잉 꽁 썬

trọn gói   모든 것을 포함함, 패키지
쫀 고이

trong thời gian qua   그 동안
쫑 터이 쟌 꽈

베트남어	한국어
trí thông minh 찌 통 밍	지능
trí thức 찌 특	지식, 지적인
trí tuệ 찌 뚜에	지혜
trị 찌	고치다. 다스리다.
trích 찍	공제하다.
trích đoạn 찍 돤	인용
triển lãm 찌엔 람	전람회
triệt để 찌엣 데	철저하다.
triều 찌에우	조수(간만)
triều đại 찌에우 다이	왕조
triều đình 찌에우 딩	조정
triệu 찌에우	백만(숫자)
triệu chứng 찌에우 쯩	징후(병)
triệu phú 찌에우 푸	백만장자
trình 찌잉	제시하다. 제출하다.
trình bày 찌잉 바이	제시하다.
trình diễn 찌잉 지엔	공연하다.
trình độ 찌잉 도	수준
trình tự 찌잉 뜨	수순
trò 쪼	학생, 게임

trong suốt 1 ngày
쫑 쑤옷 못 응아이   하루 종일 내내

trông giống
쫑 종   ~같아 보이다.

trò chơi 쪼 쩌이	게임	trong ngày 쫑 응아이	하루 중에
tròn 쫀	원형의	trong nước 쫑 느억	국내
trọn vẹn 쫀 밴	완전한	trong số 쫑 쏘	~의 가운데에서
trong 쫑	안에, 투명한	trong tương lai 쫑 뜨엉 라이	장래에는
trong bao lâu 쫑 바오 러우	얼마동안	trong vòng 쫑 봉	(~시간)동안
trong cuộc họp 쫑 꾸옥 홉	회의에서	trọng 쫑	소중히 여기다.
trong đó 쫑 도	~안에	trọng lượng 쫑 르엉	중량
trong khi 쫑 키	하는 동안에	trọng tài 쫑 따이	심판(경기)
trong khi đó 쫑 키 도	이와 동시에	trót 쫏	무심히~해버리다.
trong lành 쫑 라잉	날씨가 맑은	trôi 쪼이	(시간)흐르다.
trong lòng 쫑 롱	내부에	trôi chảy 쪼이 짜이	흐르다.
Trông hay quá nhỉ? 쫑 하이 꽈 니			재미있어 보이지?

trôi qua 쪼이 꽈	(시간이)지나다.
trộm 쫌	훔치다. 몰래
trốn 쫀	피하다.
trốn học 쫀 혹	게으름을 피우다.
trốn tránh 쫀 짜잉	회피하다.
trộn với nhau 쫀 버이 냐우	서로 섞다.
trông thấy 쫑 터이	바라보다.
trồng 쫑	심다.
trồng trọt 쫑 쫏	경작
trống 쫑	드럼(악기)
trở lại 쩌 라이	반품하다.
trở lên 쩌 렌	이상
trở nên 쩌 넨	~가 되다.
trở nên rắc rối 쩌 넨 작 조이	복잡해지다.
trở nên se lạnh 쩌 넨 쌔 라잇	추워지다.
trở ngại 쩌 응아이	저해, 장애
trở ra 쩌 자	나오다. 나타나다.
trở thành 쩌 타잉	~가 되다.
trở về 쩌 베	돌아오다.
trợ cấp 쩌 껍	원조하다.
trợ lý 쩌 리	보조하다. 조교
trợ từ 쩌 뜨	조사(문법)
trống đồng 쫑 동	(구리로 만든)북

trời 쩌이	날씨, 신, 하늘	trung tâm 쭝 떰	중심센터
trời đất 쩌이 덧	천지	trung thành 쭝 타잉	충성
trời đẹp 쩌이 댑	날씨가 좋은	trung thực 쭝 특	정직한
Trời đẹp nhỉ? 쩌이 댑 니	날씨 좋네요.	trung ương 쭝 으엉	중앙
Trời ơi. 쩌이 어이	이럴수가.	trúng 쭝	명중하다.
trục trặc 쭉 짝	불안정한	truy lùng 쭈이 룽	추적해서 잡다.
trung bình 쭝 비잉	평균의	truyền 쭈엔	전하다.
trung bộ 쭝 보	중부	truyền hình 쭈엔 히잉	방송하다.
Trung Hoa 쭝 화	중국	truyền thống 쭈엔 통	전통
Trung Quốc 쭝 꿕	중국	truyền thuyết 쭈엔 투엣	전설

trú dưới cây   나무 밑에 숨다.
쭈 즈어이 꺼이

trung tâm thành phố   시내중심
쭝 떰 타잉 포

베트남어	한국어
truyện / 쭈엔	이야기, 소설
truyện ngắn / 쭈엔 응안	단편
trừ / 쯔	~을 제외하고
trưa / 쯔어	점심
trực / 쯕	숙직, 정직한
trực thuộc / 쯕 투억	직속(의)
trực tiếp / 쯕 띠엡	생방송, 직접
trực tuyến / 쯕 뚜엔	온라인
trưng / 쯩	징수하다.
trưng bày / 쯩 바이	전시하다.
trừng phạt / 쯩 팟	형벌
trứng / 쯩	계란
trứng gà / 쯩 가	계란
trứng luộc / 쯩 루옥	삶은 계란
trước / 쯔억	먼저
trước đây / 쯔억 더이	예전에
Trùng hợp nhỉ? / 쭝 헙 니	우연의 일치네.
trùng nhau / 쭝 냐우	일치하다. 동시에 일어나다.
trường phổ thông / 쯔엉 포 통	고등학교
túi / 1 túi kẹo / 뚜이 / 못 뚜이 깨오	가방, 봉지 / 사탕 한 봉지

trước hết 쯔억 헷	우선	trường hợp 쯔엉 헙	경우(때)
trước khi 쯔엇 키	~하기 전에	trường tiểu học 쯔엉 띠에우 혹	초등학교
trước kia 쯔억 끼아	이전에	trường trung học 쯔엉 쭝 혹	중학교
trước mắt 쯔억 맛	눈앞	trưởng 쯔엉	긴, 두목
trước năm 쯔억 남	~년도 이전	trưởng ban 쯔엉 반	위원장
trường 쯔엉	학교, 장소, 장(챕터)	trưởng đoàn 쯔엉 도안	단장(리더)
trường cao đẳng 쯔엉 까오 당	전문대학	trưởng phòng 쯔엉 퐁	실장(지위)
trường công 쯔엉 꽁	공립학교	trưởng thành 쯔엉 타잉	성장하다.
trường đại học 쯔엉 다이 혹	대학교	trượt 쯔엇	미끄러지다. 낙제하다.
trường học 쯔엉 혹	학교	trượt tuyết 쯔엇 뚜엣	스키를 타다.

tuổi / 30 tuổi
뚜어이 / 바 무어이 뚜어이
살 / 30살

tuy nhiên
뚜이 니엔
~라고는 할 수 있지만

trừu tượng 쯔 뜨엉	추상적인	tục 뚝	세속의
tủ 뚜	케이스	tục ngữ 뚝 응으	속담
tủ áo 뚜 아오	장롱	túi 뚜이	봉지, 가방
tủ kính 뚜 끼잉	쇼윈도	túi xách 뚜이 싸익	가방
tủ lạnh 뚜 라잇	냉장고	tung 뚱	던지다. 흔적
tuân thủ 뚜언 투	(명령)따르다.	tùng 뚱	소나무, 전나무
tuần 뚜언	주(날짜)	tuổi con ~ 뚜어이 꼰	~띠
tuần lễ 뚜언 레	주(주간)	tuổi trẻ 뚜어이 째	청년시절
tuần sau 뚜언 싸우	다음주	tuồng 뚜옹	고전 드라마
tuần trước 뚜언 쯔억	지난주	tuy 뛰	~임에도 불구하고
tuấn 뚜언	재주가 뛰어난	Tuy Hòa 뛰 화	뛰 화(도시명)
tuất 뚜엇	12간지의 개	tùy thích 뛰 틱	취향에 따라서

tùy tiện 뛰 띠엔	마음대로	tuyệt đẹp 뚜엣 댑	매우 아름다운
tuyên án 뚜엔 안	판결을 내리다.	tuyệt đối 뚜엣 도이	절대적인, 거의
Tuyên Quang 뚜엔 꽝	뚜엔 꽝	tuyệt tình 뚜엣 띵	절교하다.
tuyển 뚜엔	선택하다.	tuyệt vọng 뚜엣 봉	절망하다.
tuyển thủ 뚜엔 투	선수	tuyệt vời 뚜엣 버이	멋진
tuyến 뚜엔	노선, 채널	tư 뜨	나의, 재능
tuyết 뚜엣	눈(기후)	tư duy 뜨 주이	사유
tuyết rơi 뚜엣 저이	눈이 내리다.	tư lệnh 뜨 레잉	사령관
tuyệt 뚜엣	대단한, 완벽한	tư liệu 뜨 리에우	자료
tuyệt chủng 뚜엣 쭝	멸종된 민족	tư nhân 뜨 년	개인
tùy 뛰			원하는 대로, 의지하다.
Tùy chị. 뛰 찌			당신이 원하는 대로요.

tư vấn 뜨 번	상담	từ đó 뜨 도	그때 이래
từ 뜨	단어	từ hồi 뜨 호이	그 이후
từ bao giờ 뜨 바오 져	언제부터	từ khi 뜨 키	그 이후
từ chối 뜨 쪼이	거절하다.	từ lần sau 뜨 런 싸우	다음부터는
từ chức 뜨 쯕	사직하다.	từ mẫu 뜨 머우	자애로운 어머니
từ đâu đến 뜨 더우 덴	어디서 오다.	từ mới 뜨 머이	새 단어
từ đầu 뜨 더우	처음부터	từ ngữ 뜨 응으	어휘
từ đấy 뜨 더이	그 후에	từ nhà 뜨 냐	집부터
từ điển 뜨 디엔	사전	từ nối 뜨 노이	연계
từ điển Hàn-Việt 뜨 디엔 한 비엣	한베사전	từ nước nào 뜨 느억 나오	어느 나라에서
từ điển Việt-Hàn 뜨 디엔 비엣 한	베한사전	từ trái nghĩa 뜨 짜이 응이아	반의어
tuyển chọn thư ký 뚜엔 쫀 트 끼			비서를 뽑다.

từ từ 뜨 뜨	천천히	tự khắc 뜨 칵	당연히
tử 뜨	죽다.	tự nguyện 뜨 응우엔	자발적인
tử biệt 뜨 비엣	사별하다.	tự nhiên 뜨 니엔	자연스럽게
tử tế 뜨 떼	친절한	tự sản 뜨 싼	유산(재산)
tứ phía 뜨 피아	4방	Tự tin lên. 뜨 띤 렌	자신감을 가져.
tự 뜨	자기 자신	tự tôn 뜨 똔	자존
tự do 뜨 조	자유	tự tôn mặc cảm 뜨 똔 막 깜	우월감
tự động 뜨 동	자동	tự vệ 뜨 베	자신을 보호하다.
tự hào 뜨 하오	자랑스럽다.	tức 뜩	화나는
tự học 뜨 혹	독학하다.	tức giận 뜩 젼	화나다.
tuyệt đối không ăn 뚜엣 도이 콩 안			거의 먹지 않다.
từ bỏ 뜨 보			(술, 담배)끊다. 포기하다.

tức là 뜩 라	즉(다시 말하면)
Tức quá. 뜩 꽈	화나.
từng 뜽	각(각의)
tươi 뜨어이	신선하다.
tươi cười 뜨어이 끄어이	상냥한
tươi sáng 뜨어이 쌍	빛나는
tươi tắn 뜨어이 딴	유쾌한
tươi tỉnh 뜨어이 띠잉	생기가 넘치는
tương đối 뜨엉 도이	상대적인
tương đối dễ 뜨엉 도이 제	비교적 쉽다.
tương đương 뜨엉 드엉	상당하는
tương hỗ 뜨엉 호	상호의
tương lai 뜨엉 라이	장래
tương ớt 뜨엉 엇	고추장
tương phiếu 뜨엉 피에우	상업채권
tương tự 뜨엉 뜨	유사한
tương ứng 뜨엉 응	상응하다.
tường 뜨엉	(집의)벽
từ đầu đến cuối 뜨 더우 덴 꾸오이	처음부터 끝까지
tự giới thiệu 뜨 져이 티에우	자기소개를 하다.
tương đồng 뜨엉 동	서로 닮은, 동등한

tưởng 뜨엉	생각하다.	tượng hình 뜨엉 히잉	상형
tưởng là 뜨엉 라	짐작하기에	tượng trưng 뜨엉 쯩	상징
tưởng tượng 뜨엉 뜨엉	상상하다.	tỷ 띠	십억(숫자)
tướng 뜨엉	장군, 모양	tỷ lệ 띠 레	비율
tướng giặc 뜨엉 작	적장	tỷ số 띠 소	비율, 스코어
tượng 뜨엉	동상(조각상)	tỷ trọng 띠 쫑	비중

tường thuật 자세히 이야기하다.
뜨엉 투엇

tưởng bở 이윤이 될거라 잘못 생각하다.
뜨엉 보

u v

베트남어-한국어 단어장

Úc 욱	호주	uy tín 우이 띤	위신
ùm 움	첨벙하는 소리	ủy ban 우이 반	위원회
ùn 운	미정인 채로 두다.	ư 으	의문을 나타내는 어미
ủng hộ 웅 호	지지하다.	ừ 으	응
uốn 우온	파마	ưa 으어	애호하다.
uốn tóc 우온 똑	파마하다.	ưa chuộng 으어 쭈옹	존중하다.
uống 우엉	마시다.	ưng ý 응 이	만족한
uống khá 우엉 카	술을 잘 마시다.	ứng dụng 응 중	적용
uống thuốc 우엉 투억	약을 먹다.	ứng trước 응 쯔억	계좌잔액
ưa thích 으어 틱	좋아하다.	ước 으억	바라다.
úp 웁	가리다.	ước gì 으억 지	~을 원하다.
út 웃	최후의	ước lượng 으억 르엉	(수학)약분하다.

ước mơ 으억 머	꿈	ưu đãi 유 다이	우대하다.
ước tính 으억 띠잉	추측하다.	ưu điểm 유 디엠	장점
ướm 으엄	흉의	ưu tiên 유 띠엔	우선순위로
ướt 으엇	젖다.		

va-li 바 리	여행가방	vai diễn 바이 지엔	연기의 배역
và 바	~와	vai trò 바이 쪼	역할
vả chăng 바 짱	게다가	vài 바이	여럿의
vả lại 바 라이	다시금	vài ba 바이 바	두셋의
vách 바익	담장	vài năm 바이 남	몇 년
vai 바이	어깨	vài ngày 바이 응아이	며칠

vài tháng 바이 탕	몇 달	váy 바이	치마
vải 바이	옷감, 리찌(과일)	váy liền 바이 리엔	원피스
vái 바이	빌다.	váy rời 바이 저이	투피스
ván 반	판자, 관	văn 반	문학, ~체(문학의)
vạn 반	(수)만의	văn hóa 반 화	문화
vang 방	빨간 나무의 색	văn học 반 혹	문학
vàng 방	노란색, 금	văn minh 반 미잉	문명
vào 바오	~에(시기), 들어서다	văn nghệ 반 응에	문예, 공연
vào buổi sáng 바오 부오이 쌍	아침에	văn phòng 반 풍	사무실
vào khoảng 바오 쾅	대략	vặn nhỏ 반 뇨	볼륨을 줄이다.
vay 바이	차용하다.	vắng 방	고요한, 부재중인
Văn Miếu 반 미에우			문묘(하노이 명승고적)

vắt 밧	짜다. 누르다.	vận chuyển 번 쭈엔	운반하다.
vắt quần áo 밧 꿘 아오	옷을 짜다.	vận động 번 동	운동하다.
vân 번	무늬, 구름	vận động viên 번 동 비엔	선수
vần 번	음절	vận phí 번 피	운송비
vẫn 번	여전히	vận tải 번 따이	운송하다.
vẫn còn 번 꼰	여전히 남아 있다.	vận tốc 번 똑	속력
vẫn là 번 라	여전히 ~이다.	vâng 벙	네(어른에게)
Vẫn no quá. 번 노 꽈	아직도 배불러.	vâng lời 벙 러이	따르다.
vấn 번	묻다. 감다.	vất vả 벗 바	힘든
vấn đề 번 데	이슈, 문제	Vất vả nhỉ. 벗 바 니	힘드네.
vắng mặt 방 맛		(있어야 할 곳에) 없는	
vận động viên điền kinh 번 동 비엔 디엔 끼잉			육상선수

베트남어	한국어
vật 벗	물체, 물건
vật chất 벗 쩟	물질
vật dụng 벗 중	용품
vật lý 벗 리	물리
vật lý học 벗 리 혹	물리학
vật thể 벗 테	물체
vậy mà 버이 마	~인데
vậy thì 버이 티	그러므로
vẫy chào 버이 짜오	손을 흔들어 인사하다.
vậy 버이	그럼~, 어미에 문장 강조
ve 배	매미
vẻ 배	모양
vẻ đẹp 배 댑	아름다움
vẽ 배	(그림)그리다.
vé 배	표, 티켓
vé ghế ngồi 배 게 응오이	의자칸 기차표
vé khứ hồi 배 크 호이	왕복표
vé máy bay 배 마이 바이	항공권
vé ghế nằm 배 게 남	젖혀지는 의자칸표
vé giường mềm 배 즈엉 멤	쿠션침대칸표

vé trả trước 베 짜 쯔억	예매권	về vườn 베 브언	귀향하다.
vé vào cửa 배 바오 끄어	입장권	vế 베	측, 면
ven 밴	가장자리, 정맥	vết 벳	점(얼룩)
vẹt 뱃	앵무새	vệ sinh 베 씨잉	화장실
về chỗ 베 쪼	자리로 돌아가 앉다.	vết 벳	흔적
về hưu 베 휴	은퇴하다.	vết bẩn 벳 번	얼룩
về nước 베 느억	귀국하다.	vết chân 벳 쩐	발자국
về quê 베 꿰	고향가다.	vết nhăn 벳 냔	주름(얼굴)
về sau 베 싸우	훗날	vết thương 벳 트엉	상처
về việc 베 비엑	~일에 대하여	vi 비	둘레, 지느러미
về 베	~에 대해, 돌아오다.(가다)		
vết muỗi đốt 벳 무오이 돗	모기에 물린 자국		

베트남어	한국어
vi phạm 비 팜	위반하다.
vi trùng 비 쭝	미생물
vì 비	~이기 때문에, ~을 위해
vì lý do ấy 비 리 조 어이	그러는 바람에
vì sao 비 싸오	왜
vì thế 비 테	그래서
vì vậy 비 베이	그래서
vĩ đại 비 다이	위대한
ví 비	지갑
ví dụ 비 주	예(보기)
vị 비	맛, 위
vị ngữ 비 응으	술어
Vị Thanh 비 타잉	비 타잉(도시명)
vị toan 비 또안	위산(의학)
vị trí 비 찌	위치
vỉa hè 비아 해	인도(교통)
việc 비엑	일
việc gì 비엑 지	무슨 일
việc học 비엑 혹	공부
việc kiểm tra 비엑 끼엠 짜	검열
việc làm 비엑 람	직업
việc nhà 비엑 냐	집안일
vị phạm luật giao thông 비 팜 루엇 쟈오 통	교통법규를 어기다.

việc rắc rối 비엑 작 조이	복잡한 일	viện sĩ 비엔 씨	학술원 회원
viêm 비엠	염증	viện trưởng 비엔 쯔엉	원장
viêm họng 비엠 홍	목의 염증	viết 비엣	(글씨를)쓰다.
viêm ruột thừa 비엠 주옷 트어	충수염	viết thư 비엣 트	편지를 쓰다.
viện 비엔	기관, 돕다.	Viết xấu quá. 비엣 써우 꽈	악필이네요.
viện bảo tàng 비엔 바오 땅	박물관	Việt 비엣	베트남의
viện cao học 비엔 까오 혹	대학원	Việt kiều 비엣 끼에우	베트남교포
viện hàn lâm 비엔 함 럼	학술원	Việt Nam 비엣 남	베트남

viên 비엔	관리명칭에 붙이는 것, 원형의 것
viên / 1 viên gạch 비엔 / 못 비엔 가익	장 / 벽돌 한 장
viên / mỗi ngày 2 viên 비엔 / 모이 응아이 비엔	알 / 매일 2알씩
viết bằng phấn 비엣 방 펀	분필로 쓰다.

Việt Trì 비엣 찌	비엣 찌(도시명)
Vinh 비잉	비잉(도시명)
vinh dự 비잉 즈	영광
vinh quang 비잉 꽝	영광
Vĩnh Long 비잉 롱	비잉 롱(도시명)
Vĩnh Yên 비잉 엔	비잉 엔(도시명)
vịnh 비잉	만(바다)
Vịnh Hạ Long 비잉 하 롱	하롱베이
virus 비룻	바이러스
visa 비싸	비자
visa du lịch 비싸 주 릭	여행 비자
visa quá cảnh 비싸 꽈 까잉	국경통과비자
vịt 빗	오리
vo gạo 보 가오	쌀을 씻다.
vỏ 보	껍질
voi 보이	코끼리
vòi hoa sen 보이 화 쌘	샤워기
vòi nước 보이 느억	수도꼭지
vòng 봉	원
vòng cổ 봉 꼬	목걸이
vòng tay 봉 따이	팔찌
võng 봉	그물침대
vọng 봉	울리다.

vô cùng 보 꿍	엄청나게	vô ý thức 보 이 특	의식 없는
vô dụng 보 중	쓸모없는	vỗ 보	파도치다.
vô địch 보 딕	챔피언	vỗ tay 보 따이	박수
vô hạn 보 한	무한한	vôi 보이	석회
vô lý 보 리	이치에 맞지 않는	vội 보이	서두르다.
vô tận 보 떤	끝없는	vội vàng 보이 방	서두르다.
vô tình 보 띠잉	우발적인	vốn 본	자본
vô tội 보 또이	무죄	vốn từ 본 뜨	어휘
vô trùng 보 쭝	방부제(의학)	vở 버	하는 척하다. 노트
vô tuyến 보 뚜엔	무선의	vở kịch 버 끽	극(연극)
vô vị 보 비	무미하다.	vỡ 버	깨뜨리다.
vô ý 보 이	아무 뜻 없이	vợ 버	부인

vợ chồng 버 쫑	부부	vua chúa 부어 쭈어	왕주
vợ con 버 꼰	부인과 아이	vui 부이	즐거운
vơi 버이	충분하지 못한	vui chơi 부이 쩌이	즐기다.
với 버이	~에게	Vui lên. 부이 렌	힘내.
với nhau 버이 냐우	서로 서로	vui lòng 부이 롱	만족한, 마음에 든
với tôi 버이 또이	나에게	vui mắt 부이 맛	눈요기 되는
vớt 벗	(물속에서)건지다.	vui mừng 부이 등	반가운
vũ 부	깃털, 춤	vui vẻ 부이 배	즐겁다.
vũ trụ 부 쭈	우주	vùn vụt 분 붓	아주 빠르게
vụ 부	경우, 부서	vung 붕	(단지)뚜껑
vua 부어	왕	vùng 붕	지역
vui hơn 부이 헌			기분이 더 좋아지다.

vùng biển 붕 비엔	바다	vừa qua 브어 꽈	방금 전
vùng đất 붕 덧	구역	Vừa quá. 브어 꽈	잘 맞네요.
Vũng Tàu 붕 따우	붕 따우(도시명)	vừa rồi 브어 조이	최근에
vuông 부옹	각형의	vừa vừa 브어 브어	적당하다.
vừa 브어	잘 맞다.	vựa thóc 브어 톡	곡창(지대)
vừa đi 브어 디	걸어가면서	vừng 븡	깨(곡물)
vừa lòng 브어 롱	만족하는	vườn 브언	정원
vừa lúc 브어 룩	(바로 그)때에	vườn hoa 부언 화	화원
vừa mới 브어 머이	최근에	vườn thú / sở thú 브언 투 / 써 투	동물원
vừa muối 브어 무오이	간이 적당하다.	vượt 브엇	넘다.
vui tính 부이 띠잉			성격이 발랄하고 좋은
vừa đấm vừa xoa 브어 덤 브어 쏘아			병 주고 약주고

vượt quyền 월권하다.	**Vứt đi.** 버려.
브엇 꾸엔	붓 디
vứt 던지다. 버리다.	
붓	
vượt qua 앞질러가다. 극복하다.	
브엇 꽈	

x y

베트남어-한국어 단어장

베트남어	한국어
xa / 싸	먼(거리)
xa quá / 싸 꽈	(매우)먼
xa xôi / 싸 쏘이	먼(거리)
xa xưa / 싸 쓰어	오랫동안
xà lách / 싸 락	양상추, 샐러드
xà phòng / 싸 퐁	비누
xã / 싸	마을, 조합
xã giao / 싸 쟈오	사교
xã hội / 싸 호이	사회
xác / 싹	시체, 확실한
xác định / 싹 딕	확정하다.
xách tay / 싸익 따이	손가방, 손에 들고 다니다.
xác nhận / 싹 년	확인하다.
xạc / 싹	꾸짖다.
xách / 싸익	들다.
xanh / 싸잉	파란
xanh da trời / 싸잉 자 쩌이	하늘색
xanh lá cây / 싸잉 라 꺼이	초록색
xanh lam / 싸잉 람	푸른색의
xào / 싸오	볶다.
xào bài / 싸오 바이	카드를 섞다.
xào nấu / 싸오 너우	볶다. 요리하다.
xay gạo / 싸이 갸오	정미하다.

xảy ra 싸이 자	전설이 일어나다.	xe duyên 쌔 주옌	데이트, 혼인하다.
xăm mình 쌈 미잉	문신을 새기다.	xe đạp 쌔 답	자전거
xăng 쌍	기름(주유)	xe kéo 쌔 깨오	카트(쇼핑센터)
xâm lược 썸 루억	침략하다.	xe lửa 쌔 르어	기차
xấu 써우	나쁘다. 못생긴	xe máy 쌔 마이	오토바이
xấu hổ 써우 호	부끄러운	xe ô tô 쌔 오또	자동차
xấu trai 써우 짜이	못생긴(남자)	xe ôm 쌔 옴	세옴(오토바이 택시)
xấu xa 써우 싸	추악한, 창피한	xé 쌔	(봉투 등을)뜯다.
xây 써이	건설하다.	xé đi! 쌔 디	뜯어봐.
xây dựng 써이 즁	건설하다.	xem 쌤	(해)보다.
xe 쌔	탈것, 차	xem lại 쌤 라이	재검토하다.
xe buýt 쌔 븻	버스	xem nào 쌤 나오	어떤지 좀 보다.

xem ngày 쌤 응아이	택일하다.
xem phim 쌤 핌	영화를 보다.
xem tivi 쌤 띠비	텔레비전을 보다.
xem xét 쌤 쌧	관찰하다.
xen 쌘	참견하다.
xét 쌧	고찰하다. 검사하다.
xếp 쎕	깔다. 정리하다.
xì mũi 씨 무이	코를 풀다.
xí nghiệp 씨 응이엡	사업, 기업
xích đạo 씩 다오	적도
xích lại 씩 라이	다가가다.
xích lô 씩 로	시클로
xiếc 씨엑	서커스
xiết bao 씨엣 바오	정말로
Xin ăn thử đi. 씬 안 트 디	맛보세요.
Xin chào 씬 짜오	안녕하세요.
xem vòng quanh 쌤 봉 꽈잉	둘러보다.
xét nghiệm 쌧 응이엠	임상분석 검사를 하다.
xếp hàng 쎕 항	상품을 진열하다. 줄서다.
xếp thành hàng 쎕 타잉 항	일렬로 만들다.

Xin chị. 감사합니다. 아줌마. 씬 찌	xoài 망고 쏘아이
Xin lỗi. 실례합니다. 씬 로이	xóm 부락 쏨
xin việc 일자리를 구하다. 씬 비엑	xóm làng 마을 쏨 랑
Xingapo 싱가포르 씬가뽀	xong 끝나다. 쏭
xinh 예쁘다. 씨잉	Xong hết rồi. 다 끝났어. 쏭 헷 조이
xinh đẹp 예쁜 씨잉 댑	xô 강하게 누르다. 쏘
xoá 삭제하다. 쏘아	xổ số 복권, 추첨 쏘 쏘
xòa (머리카락)흘러내리다. 쏘아	xôi 쏘이(찹쌀 주먹밥) 쏘이
xòa tóc 머리를 풀다. 쏘아 똑	xông 밀다. 쏭

xin   빌다. 존대에 붙이는 어미
씬

xôi gấc   쏘이 걱(찹쌀과 과일로)
쏘이 걱

xu hướng giảm   둔화(경제용어)
쑤 흐엉 잠

xơi 써이	마시다. 먹다.	xuất sắc 쑤엇 싹	탁월한
xu hướng 쑤 흐엉	트렌드	xúc động 쑥 동	감동
xuân 쑤언	봄	xuể 쑤에	가능한
xuất 쑤엇	수출하다.	xuềnh xoàng 쑤에잉 쏘앙	평범한
xuất bản 쑤엇 반	출판하다.	xui xẻo 쑤이 쌔오	불운한
xuất cảnh 쑤엇 까잉	출국	xung quanh 쑹 꽈잉	주변
xuất khẩu 쑤엇 커우	수출하다.	xuống xe 쑤엉 쌔	차에서 내리다.
xuất nhập cảnh 쑤엇 녑 까잉	출입국	xuyên 쑤엔	관통하다.
xuất nhập khẩu 쑤엇 녑 커우	수출입	xử lý 쓰 리	처리하다.
xuất phát 쑤엇 팟	출발하다.	xử phạt 쓰 팟	처벌하다.

xua đuổi   내쫓다. 근심을 없애다.
쑤어 두오이

xuất hiện   출현하다. 나타나다.
쑤엇 히엔

xứ 쓰	지구(지방)	xức 쓱	(기름)바르다.
xứ sở 쓰 써	국토	xứng đáng 쑹 당	어울리다.
xưa 쓰어	오래된	xương 쓰엉	뼈
xưa kia 쓰어 끼아	이전에는	xưởng 쓰엉	공장

xuôi
쓰오이
아래로 흐르다. 순조로운

xuống
쓰엉
(아래)내려가다. (차)내리다.

xuống đường
쓰엉 드엉
(길을)내려가다.

xuống nước
쓰엉 느억
태도를 바꿔 양보하다.

xuống ở bên sau
쓰엉 어 벤 싸우
다음 역에 내리다.

y

y bạ 이 바	진료기록	ý tưởng 이 뜨엉	생각
y đức 이 둑	서로 같다.	yên 엔	조용한
y học 이 혹	의학	Yên Bái 엔 바이	엔 바이(도시명)
y tá 이 따	간호사	yên lặng 엔 랑	고요한
y tế 이 떼	위생병	yên ổn 엔 온	조용한, 고요한
ý 이	계획	yên tâm 엔 떰	안심하다.
ý định 이 딕	의도	yên tĩnh 엔 띠잉	고요한
ý kiến 이 끼엔	의견	yêu 이에우	사랑하다.
ý muốn 이 무온	욕구	yêu cầu 이에우 꺼우	요구하다.
ý nghĩa 이 응이아	의미	yêu dấu 이에우 저우	사랑하는
ý thích 이 틱	기호(취미)	yêu đương 이에우 드엉	연애하다.

yêu quái 이에우 꽈이	요괴	yêu thương 이에우 트엉	사랑하다.
yêu quí 이에우 퀴	친애하는	yếu 이에우	약한, 연약하다.
yêu thích 이에우 틱	좋아하다.	yếu tố 이에우 또	요소

부 록

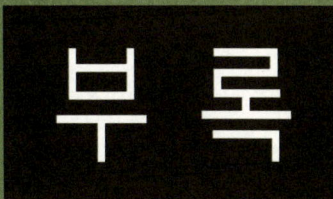

- 베트남친구에게 선물하기
- 베트남에서 기념품 고르기

베트남친구에게 선물하기

인삼젤리등의 인삼제품
한국의 인삼이 질이 좋다고 생각함.

한방소주
인삼향이 난다고 몸에 좋은 술이라고 생각함.

한방 화장품
미샤와 페이스샵은 해외에서 2배의 가격에 판매되어 선물로 좋음

베트남에서 기념품 고르기

원두커피
베트남이 제 2의 커피원두 수출국이여서 커피가 풍부함.
유명한 커피 체인은 CAFE MAI가 있고 마트에서 구입할 만한것은 TRUNG NGUYÊN이 있다.(구입처 : 마트와 체인점)

커피믹스
믹스는 기본적으로 한국믹스보다 무척 진하고 달아 어르신들이 좋아 함.
G7 이나 현지화된 맛의 nescafe 도 좋다.(구입처 : 마트)

연꽃차
베트남 국화인 연꽃의 차(구입처 : 마트)

열대과일 과자
열대과일을 말린 과자.(구입처 : 마트)

넵 머이 (nếp mới)
쌀맛이 나는 베트남 보드카로 한국인이 좋아함.(구입처:마트)

실크제품
실크가 싸고 유명해서 어르신들 선물로 많이 구매함.(구입처 : Hàng Gai-하노이 거리 일대)

씨클로 모형
흥정필수 상품.(구입처 : Hàng Gai-하노이 거리 일대)